Power Talk

ネイティブは
こんな時こう言う！

ディビット・セイン／鈴木衣子 著

南雲堂

―まえがき―

　やさしい単語がならんでいるのにその文章がなにを意味しているのか，さっぱりわからない。その文章を構成する単語を全部辞書でチェックしても，どうしても見当がつかない。英語を学ぶ日本人のほとんどが，こういう体験をしていると思います。

　文法を学び，単語もたくさん覚えたはずなのに，それが実際に役に立たないことを知って，もどかしい思いをしている日本人は少なくないはずです。

　すべて言語には，単語と単語が手をつないで一つのまとまった考えを述べる魔術のようなしくみがあります。どんなに文法に精通していても，単語の意味がわかっていても，その言葉のマジックに振りまわされれば，ほとんどお手あげとなるでしょう。

表現されたウラの意味をつかむ

　そこで私たちは言語を勉強する場合，その言語の持つマジックに振りまわされない手段を講じなければならない。その一番の解決策はその言語をよく知っている人に，**その文章の意味だけではなく，雰囲気も説明してもらうこと**です。そのようにして，その文章が，
　　a．どんな時に，
　　b．どんな場面で，
　　c．だれが，

d．だれに，
　　e．どんな気持ちで
話される表現なのか，を納得することが言語の上達には不可欠であると思います。

　本書はそのような要望を満たすためのガイドブックです。その表現が使われる場合を想定して短い芝居のような，たくさんの会話例を提供し，読者に模擬の体験をうながそうと考えました。

　会話とは，最低二人の人間が相対し，どちらかが口を切り，もう一人がそれを受けて発言するというパターンをくり返して，縄をなうように織りなされるものです。

　本書では，最初に口を切る能動的な表現と，相手の発話をうけて二番目に発言する受動的な表現とに分けました。もちろん実際の場合，この最初と二番目の順が逆になることも多発するでしょう。じっさい言葉には，あるいは表現には，こうであるはずだ，あるいはこうでなければならないというように，はっきりした境界線を引くことはできません。

　本書の会話例はあくまでも一つの例です。その一つの例がかもしだす雰囲気になれておけば，あなたが実際に直面する場面はその応用の場として，冒険をするつもりで楽しめると思います。

　お手伝い頂いた吉高神詠子，田中紀子，三上景子，今井久枝，小酒井貴朗の皆様に感謝申し上げます。

　　　　　　　　　　　　　　　ディビッド・セイン
　　　　　　　　　　　　　　　鈴　木　　　衣　子

CONTENTS

まえがき　3

能動的表現 ……………………………………… 8
　1〜79

受動的表現 ……………………………………… 88
　1〜118

　索　引　206

　INDEX　211

能動的表現

自分から話しかけて，相手に自分の考えや気持ちを伝える表現。

1

やったね。
Good job.

使い方アドバイス

相手がよい成績をおさめたり，成功したときにその努力をねぎらう言葉です。

Mary : I have some wonderful news.
Anna : What is it?
Mary : Well, I just found out that I won first place.
Anna : Good job.

メアリ：いい知らせがあるの。
アンナ：どんなこと？
メアリ：あのね，いま分かったんだけど，わたし，絵のコンテストで一等に入賞したのよ。
アンナ：やったわね。

Other Expressions

・Way to go.　やったじゃない。
・Nice going.　やった。
・That's just great.　上出来。
・I knew you could do it.　やっぱりね。

本当に,たいへんね。
How do you do it?

使い方アドバイス

直訳すると「どのようにやるのですか?」となります。しかし伝えたいのは,相手の行動に対する驚きです。さらに「そんなことができるなんて,えらいなあ」「よく,そんなにこなせるね」と相手をほめるニュアンスが加わります。

Jack : What are your plans for tomorrow?
Mary : Well, in the morning I have a meeting, then I teach a class at the YMCA. In the afternoon I have meetings with some of the students. Then I'm planning to go to a movie.
Jack : How do you do it?
Mary : Well, I'm not as busy as it sounds.

ジャック:明日の予定は?
メアリ: 朝は会議があって,その後はYMCAで教えるの。午後は生徒たちとミーティング。その後は映画をみにいく予定よ。
ジャック:ほんとうに,たいへんだね。
メアリ: でも,それほどでもないんだけど。

あなたは本当に…
You are a ...

使い方アドバイス

You are の are を強調して言い，「うわさにきいていたとおり，あなたはほんとうに…」という驚きを表現します。

Jack : Have you decided what you're going to do after graduating?
Anna : I'm thinking of going to graduate school.
Jack : What are you thinking about studying?
Anna : I can't decide between medicine and law.
Jack : The rumors are true. You are a smart girl.

ジャック：卒業したらどうするか，決めた？
アンナ： 大学院に行こうと思うの。
ジャック：なにを勉強するつもり？
アンナ： 医学にしようか法律にしようか迷っているところなの。
ジャック：うわさどおりなんだ。君はほんとうに頭がいいんだね。

Other Expressions

・Well, aren't you a ...　あなたは…ね。
・I guess you really are a ...　あなたは本当に…だと思う。

すごいな…
I have to hand it to …

使い方アドバイス

人をほめるときに使う口語表現です。本来は「かぶとを脱ぐ」の意味で，have to とともに使うと，「かぶとを脱がなければならない」，つまり「…には降参だ」，「あなたにはかなわない」という，尊敬の気持ちがこもります。

Jack : Guess what. I've decided to run in the New York marathon.

Tom : I have to hand it to you. You sure have a lot of energy.

ジャック：あのね。こんど，ニューヨーク・マラソンに出るんだ。
トム： それは，すごいな。君はほんとうに元気がいいね。

Other Expressions

・I have to tip my hat to him.　彼には敬服するね。
・I have to take my hat off to him.　彼には脱帽だよ。

1-5

なんて言っていいか分からないほど…
I can't tell you how ...

使い方アドバイス

言葉で言い表せないほどうれしいときに使う表現です。how のあとには，proud や excited のような良い意味を持つ語が適します。

Anna :   What are you doing here?
Jack :   I can't tell you how happy I am to see you.
Anna :   Why? What's the matter?
Jack :   I lost my wallet and I don't have any money to buy a bus ticket home.

アンナ：　ここでなにしているの？
ジャック：君に会えて，なんて言っていいか分からないほどうれしいよ。
アンナ：　どうして？　どうかしたの？
ジャック：財布をなくしてね，家に帰るバスの切符を買うお金がないんだ。

Other Expressions

・I don't know how to tell you how ...
　　お礼の申しあげようもない。
・You can't believe how ...　なんと申しあげたらいいか…
・You will never know how ...　…深く感謝いたします。

6 どうしても言っておきたいんだけど
I just want to say ...

使い方アドバイス

大事なことを切り出すときに「わたしの言うことを聞いてください」というつもりで言います。その後には，相手をほめたり，相手に礼をのべたりといった良いことを伝える表現がつづくことが多く，不愉快な内容を伝えるときには，この表現は向きません。

Tom : Mary, can I talk to you for a moment?
Mary : Yes, what is it?
Tom : I just want to say, I appreciate your help around the office. I don't know what I'd do without you.

トム： メアリ，ちょっと話があるんだけど，いいかい？
メアリ：いいわよ。なに？
トム： どうしても言っておきたいんだけど，オフィスでいろいろと手伝ってくれて，ほんとうに感謝しているよ。君がいなかったら，どうなっていることか。

Other Expressions

・I just want you to know ...　…どうしてもお伝えしたい。
・I feel I have to let you know that ...
　　どうしても知っていただきたくて…

1-7

おかげで，今日はいい日だ。
You really made my day.

使い方アドバイス

この日をわたしにとって楽しい日にする，つまり，わたしをたのしくさせる，の意で，感謝の表現の一つです。

Mary : I just called to wish you happy birthday.
Anna : Thanks. You really made my day.

メアリ：お誕生日おめでとうって言いたくて，電話したのよ。
アンナ：ありがとう。おかげで，今日はいい日になるわ。

Other Expressions

・What a nice thing (for you) to say.
　　そんなふうに言ってくれて，ありがとう。

よくがんばったね。
Way to go!

使い方アドバイス

相手の努力をたたえて祝うときに使う表現です。

Tom: Guess what. I just won a free trip to Paris in a singing contest.
Mary: That's great. Way to go!

トム： あのね。歌のコンテストで入賞して，ただでパリに行けるんだよ。
メアリ：すばらしい。よくがんばったわね。

Other Expressions

・I knew you could do it!　君ならできると思った。

1-9

誰よりも先に，おめでとうが言いたくて。
Let me be the first to congratulate you.

使い方アドバイス

喜びごとがある相手に，または昇進，成功，勝利を得た相手に対して，「誰よりも先に自分がお祝いを言いたい」という気持ちを表現する言い方です。

Jack: Let me be the first to congratulate you on your promotion. I hope you like your new position.

Mary: Thank you. I appreciate that.

ジャック：昇進，おめでとう。誰よりも先におめでとうが言いたくて。気に入る仕事だといいね。

メアリ： ありがとう。そんなに気にかけてくださって，うれしいわ。

Other Expressions

・I'd like to be the first to ...　一番に…したくて…
・I have the honor of being the first to ...
　　私が一番に…できて光栄です。

これはお祝いしなきゃね。
This calls for a celebration.

使い方アドバイス

よろこばしい事があったときに、こころから祝う気持ちを表現する言い方です。

Anna: Do you remember that book I told you I was writing?
Mary: Yeah. Have you finished it?
Anna: Yes. And I've also found a publisher.
Mary: Really! This calls for a celebration.

アンナ：あたしが本を書いているって言ったの，覚えている？
メアリ：そうだったわね。もう書きおわった？
アンナ：ええ，そして出版社もみつかったのよ。
メアリ：まあ！　これはお祝いしなきゃね。

Other Expressions

・Well, I guess congratulations are in order.
　　それはおめでたいことですね。

11 奇遇だね。
What a pleasant surprise.

使い方アドバイス

思いがけず古い知り合いや昔の友人に出会ったときに口をついて出る言葉です。

Tom : I would like to introduce you to my friend.
Jack : Hello, Mary. What a pleasant surprise.
Mary : Hi, Jack.
Tom : You know each other?
Jack : Yes, we went to school together.
Tom : It certainly is a small world.

トム　　：友達を紹介しよう。
ジャック：やあ，メアリ。奇遇だねえ。
メアリ　：あ，こんにちは。ジャック。
トム　　：なんだ，知り合いなのか？
ジャック：学校で同級だったんだよ。
トム　　：ほんとうに世間はせまいものだなあ。

Other Expressions

・Fancy meeting you here.　まあ，めずらしい。
・Well, what (who) have we here?
　　ここで会うなんて思いもしなかった。

12

どうぞよろしく。
I'm sure we'll be seeing a lot more of each other.

使い方アドバイス

初対面どうしが，これから仲良くやっていきましょうというときに使う表現です。近所の人とのあいだでも，仕事関係でも使うことができます。

Anna： Hello. I just moved into the neighborhood.
Mary： Nice to meet you.
Anna： I have to leave now, but I'll drop by later. I'm sure we'll be seeing a lot more of each other.

アンナ：こんにちは。すぐ近くに越してきたものです。
メアリ：はじめまして。
アンナ：ちょっと急ぎますので，あとでまたお寄りします。これからもどうぞよろしく。

Other Expressions

・I'm looking forward to getting to know you better.
　　これからおつきあいするのを楽しみにしています。
・We're going to get along fine, I can tell.
　　私たち，きっと仲良くできると思います。

あの頃がなつかしい。
Those were the days.

使い方アドバイス

「あの頃はよかった」と，昔をなつかしむときの言い方です。「なつかしい」という日本語の持つニュアンスは，このような，何の形容詞も使わない表現で雰囲気をにおわせます。あるいは good old ... を使って the good old days と言っても昔をなつかしむ表現になります。

Jack : Do you remember when you could buy a hamburger for 30 cents?
TomI : I sure do.
Jack : Those were the days.

ジャック：ハンバーガーが30セントで買えた頃のこと，おぼえてるかい？
トム：　　もちろんだよ。
ジャック：あの頃がなつかしいね。

Other Expressions

・Those days are gone for good.　あの頃にはもう戻れないなあ。
・Back in the good old days.　むかしはよかったな。

1-14

自慢するわけじゃないけど…
I don't mean to brag, but …

使い方アドバイス

自分のことをほめるときの前置きとしてこの言い方を使うと，いばった感じを避けることができます。

Anna : I don't mean to brag, but I'm really an excellent cook.
Jack : Really. I don't believe you.
Anna : I am.
Jack : Okay, then prove it. I'll come for dinner tonight.

アンナ： 自慢するわけじゃないけど，わたし，とても料理がうまいのよ。
ジャック：ほんとうかい。信じられないな。
アンナ： ほんとうよ。
ジャック：わかった。じゃ，証明してもらおう。今夜，夕食を食べに行くからさ。

Other Expressions

・I know this may sound like I'm bragging, but …
　　自慢しているように聞こえるかもしれない，けど…
・I am a good cook, even if I do say so myself.
　　自分で言うのもなんだけど，料理は得意なんだ。

15 ねえ，聞いて。
Guess what.

使い方アドバイス

話を切り出すときに使う表現です。とくに相手の注意をひきたいときに使います。

Anna :　Guess what.
Tom :　What?
Anna :　My sister just had a baby.
Tom :　That's great.
Anna :　Now I'm an aunt.

アンナ：ねえ，きいて。
トム：　なに？
アンナ：姉が赤ちゃんを生んだのよ。
トム：　それはよかった。
アンナ：もう私も，おばさんよ。

Other Expressions

・You won't believe what happened.
　　なにがあったと思う？
・Did you hear the good news?　ねえ，知ってる？

16 では，こうしよう。
I'll tell you what. (I'll tell you what I'll do.)

使い方アドバイス

あれはどうか，これはどうか，などといろいろ提案をするときの表現に使います。最後に okay？とつけると，相手に同意を求める気持ちがつよく表現されます。

Jack: Why don't you go to the store and buy some sandwiches?
Tom: I'm tired. I don't feel like it.
Jack: I'll tell you what. You give me the money and I'll go, okay?

ジャック：サンドイッチを買ってきてくれないか？
トム：　　疲れていて，行く気がしないよ。
ジャック：じゃ，こうしよう。お金をくれれば，ぼくが買ってくる。それでどうだい？

Other Expressions

・Okay, what about this?　じゃ，これはどう？
・I'll make you a deal.　取り引きしよう。

悪いけど…してくれないかしら。
I don't suppose you could …

使い方アドバイス

遠慮しながら相手に頼みごとをするときの表現です。
迷惑をかけて悪いという気持ちが伝わります。

(Telephone conversation)

Jack： What's the matter? Why are you calling at this hour?

Mary： I got a flat tire. I don't suppose you could come and help me change it.

Jack： Sure. Just tell me where you are.

ジャック：どうしたの？　こんな時間に電話かけてきて。
メアリ：　タイヤがパンクしちゃったの。悪いけど，タイヤのとりかえを手つだいにきてくれないかしら。
ジャック：いいとも。それで，いま，どこにいるんだい？

Other Expressions

・Do you think you could possibly … ?
　　…やってもらえないかしら？
・Would it be too much to ask if you could … ?
　　申しわけないけど，…
・Is there any way I could ask you to … ?
　　こんなことお願いしていい？

ねえ，どうかしら。
I don't know about you, but I ...

使い方アドバイス

この表現は，相手に対する気遣いをこめて，こんなふうにしませんか，と提案するときに使います。

(Two friends are climbing a mountain.)
Mary : How long have we been climbing?
Anna : About two hours.
Mary : I don't know about you, but I need a break.
Anna : Okay, let's sit down on those rocks over there.

(2人は山登りをしている)
メアリ：もうどのくらいの時間登っているのかしら？
アンナ：2時間ぐらいよ。
メアリ：ねえ，どうかしら，わたし，休みたいんだけど。
アンナ：そうね，この辺の岩にすわりましょ。

Other Expressions

・Speaking for myself …　ちょっとわるいけど，…
・Maybe I'm the only one, but …　わたしだけかもしれないけど，…

19 気がつかなくてごめんなさい。
Where are my manners?

使い方アドバイス

相手に対する自分のマナーや心づかいが行き届かなかったことに気づいたとき，うっかりしていたことをわびる気持ちを伝える表現です。

Mary : Hello.
Anna : Oh, Hi.
(After talking a while)
Anna : Where are my manners? Why don't you come on inside and have something to drink?

メアリ：こんにちは。
アンナ：あら，こんにちは。
（しばらくして）
アンナ：ごめんなさい，気がつかなくて。さあ，なかへ入って，なにか飲み物でもいかが？

Other Expressions

・You must think I don't have any manners.
　　私って，ひどいでしょう。

20 もう，いやになっちゃう。
I can't believe myself sometimes.

使い方アドバイス

考えられないような大きな失敗をした自分を責めるときの表現です。自分に愛想がつきたやりきれなさが伝わります。

Mary: Where have you been?
Jack: What?
Mary: You promised to go with me to Cathy's wedding yesterday.
Jack: Oh no. I forgot. I can't believe myself sometimes.

メアリ： どこへ行ってたの？
ジャック：え？
メアリ： あなたはきのうわたしと，キャッシーの結婚式にいく約束だったのよ。
ジャック：あ，いけない。忘れてたよ。もう，いやになっちゃう。

Other Expressions

・I don't know how I could have done a thing like that.
　　どうしてこんなことしちゃったんだろう。

どうしようもないバカだね，私は。
How could I have been so stupid?

使い方アドバイス

「どうしようもないバカだ」と自分の非をややおおげさに表現し，後悔と謝罪の気持ちを相手に伝えたいときに使います。

Anna : I waited for you for two hours yesterday. What happened?

Jack : Oh, I'm sorry. I forgot. How could I have been so stupid?

アンナ： きのう，2時間も待っていたのよ。なにかあったの？
ジャック：ごめんなさい。忘れたんだ。どうしようもないバカだね，ぼくは。

Other Expressions

・What could I have been thinking?
　なにを考えていたんだろう。
・Where could my mind have been?
　なにぼんやりしてたんだろう。
・I don't know what got into me.
　私，どうしちゃったんだろう。

本当に申し訳ない。
You must really hate me.

使い方アドバイス

嫌われて当然のことをしてしまって，心から悪いとおもい，無条件にあやまる気持ちをあらわす表現です。

Jack: Tom, where have you been? I said you could borrow my car for an hour, but you've been gone for five hours!
Tom: I have some bad news. I wrecked your car.
Jack: Oh, no. I just bought it.
Tom: You must really hate me.

ジャック：トム，どこへ行ってたんだい？ ぼくは，1時間ならぼくの車使っていいって言ったんだよ。でも君は5時間も帰ってこなかったじゃないか。
トム： おこらないでくれ。君の車，ぶつけて壊してしまったんだ。
ジャック：なんだって。買ったばかりの車なのに。
トム： 本当に申し訳ない。

Other Expressions

・You must want to kill me.　私に消えて欲しいでしょうね。
・I know you'd like to kill me.　いやがってるのは分かってるわ。

 1-23

私にできることがあれば，なんでもするから。
If there's anything I could do, I would.

使い方アドバイス

自分のおかしたあやまちの償いをするために，できることならなんでもする，と心から恐縮している気持ちをあらわす表現です。

Anna : Did you see an envelope on the table?
Mary : Yes, but I threw it away.
Anna : You what? It had an important telephone number on it. What am I going to do?
Mary : I'm sorry. If there was anything I could do, I would.

アンナ：テーブルの上に封筒があったでしょ？
メアリ：ええ，でも捨てちゃったわ。
アンナ：捨てた？　だいじな電話番号が書いてあったのに。どうしよう？
メアリ：ごめんなさい。私にできることがあればなんでもするから，許して。

Other Expressions

・I'll be here for you if you need me.
　　必要な時はいつでも声をかけて

そんなつもりじゃなかった。
I never meant to (hurt you).

使い方アドバイス

自分のしたことが相手をひどく怒らせたことに気がつき，自分には相手の気持ちを傷つけるつもりがなかったことを告げて，謝罪するときに使う表現です。

Jack : Did you tell the newspaper reporter about my divorce?
Tom : Well, yes.
Jack : How could you do that to me?
Tom : I never meant to hurt you.

ジャック：ぼくが離婚したこと，新聞記者に言っただろう？
トム：　　うん，言ったよ。
ジャック：どうして，余計なこと言ったんだ？
トム：　　君の気持ちを傷つけるつもりはなかった。

Other Expressions

・I didn't mean to hurt you.　悪気はなかった。

君が許してくれなくて当然だよ。
I can't blame you if you never forgive me.

使い方アドバイス

完全に自分の非を認めてあやまるにしても，それに多少すねた気持を加えたいときに用いる表現です。

Tom: Mary, I have some terrible news. While you were away, I forgot to water your plants, and they all died.
Mary: My plants! Oh, no. I love my plants.
Tom: I can't blame you if you never forgive me.

トム： メアリ，怒らないでくれ。君がいなかったあいだに，君の鉢植えに水をやるのをすっかり忘れてしまったので，みんな枯れちゃった。
メアリ：そんな，ひどいわ。わたしがだいじにしてたのに。
トム： 君が許してくれなくて当然だよ。

Other Expressions

・I guess it doesn't help to say "I'm sorry."
　　ごめんなさいと言ってもなんにもならないね。

26 君にはもっといい…がいっぱいあるよ。
You deserve better.

使い方アドバイス

相手の価値を認めて励ますときの表現です。

Tom : What's the matter? You look down.
Anna : I got in a big fight with my boss. I'll probably get fired.
Tom : Don't worry about it. You deserve better anyway.

トム： どうしたの？　落ちこんでいるね。
アンナ：上司と大喧嘩しちゃったの。クビになるかもしれない。
トム： 気にするな。君にはもっといい仕事いっぱいあるよ。

Other Expressions

・You're too good for (that job).
　　君はそんな仕事してちゃもったいないよ。

27 おもしろいと思う？
Are you getting anything out of this?

使い方アドバイス

直訳すると「なにか得るものがありますか」となります。これは「おもしろくない」と思っているときの婉曲な言い回しです。こう聞かれた側は，つまらないと思えば，No. I'm not. おもしろいと思えば Yes, I am. と対応します。おもしろいと思う対象は幅がひろく，スピーチや講義のようなアカデミックなものから娯楽映画にまでおよびます。

(Listening to a speech)

Mary : Are you getting anything out of this speech?
Tom : No, I'm not.
Mary : Let's sneak out.
Tom : I'm with you.

（スピーチを聞きながら）
メアリ：このスピーチ，おもしろいと思う？
トム： おもしろくない。
メアリ：抜けだしちゃいましょう。
トム： そうしよう。

すると言ったら，どう思う？
What would you say (think) if I … ?

使い方アドバイス

まだはっきり決めていないけれども，そうするかもしれない，と伝えて，相手の反応をみるときに使う表現です。言いにくいことを切り出すために日常的に使われます。はっきりそうすると決めているときには，I'm going to… と言います。

Tom： What would you say if I told you I'm planning to sell my house and move to Mexico?
Anna： I would say I think you're crazy. Why would you do that?
Tom： It really is a great place to live.

トム： 家を売ってメキシコに引っ越すつもりだとぼくが言ったら，君，どう思う？
アンナ：頭おかしいんじゃないかって思うわ。どうしてそんなことするの？
トム： 住むにはすばらしいところだよ，メキシコは。

Other Expressions

・Would you think I was (crazy) if I (were) … ?
　　…したら頭がおかしいと思う？

私のほうがつらいんだよ。
This is going to hurt me more than you.

使い方アドバイス

人を罰したりするときに言う言葉です。罰するもののつらさを表現しています。

Boss : I saw you taking money from the cash register. Do you deny it?
Employee : Well, I paid it back.
Boss : This is going to hurt me more than you, but I am going to have to fire you

上司： 君がレジから金を取っているところ見たんだ。取ったんだね？
従業員：あの，それはもう返しました。
上司： こんなことをするのは，君よりぼくのほうがつらいんだよ。だけど，私は君をクビにしなければならない。

Other Expressions

- I really don't want to do this, but …
    本当はいやなんだけれど，…
- I never thought I would see the day, but I have to …
    こうなるとは思わなかったけれど，…
- This is the last thing I want to do, but …
    これだけはしたくなかったけれど，…

30

こういうこと，あんまり言いたくないんだけど…
I wish I didn't have to say this, but …

使い方アドバイス

言いにくいことを相手に告げるときに，遠慮しながら切り出すための表現です。

Anna : I wish I didn't have to say this, but I'm afraid I can't see you for a while.
Jack : Why? What did I do wrong?
Anna : Nothing. I need to study harder. I don't have enough time for a relationship right now.

アンナ： こういうこと，あんまり言いたくないんだけど，しばらくおつき合いできないわ。
ジャック：どうして？ ぼく，なにか気にさわることでもした？
アンナ： ううん，そうじゃないの。私，もっと勉強しなきゃいけないの。だからいまのところ，おつき合いしている時間がないのよ。

Other Expressions

・I don't know how to tell you this, but …
　　なんて言ったらいいか分からないけど，…
・I didn't think I would ever have to say this, but …
　　こんなことを言わなきゃならないなんて思ってもみなかったけど，…

31 うるさいと思われたくはないけれど…
I don't want to seem nosy, but ...

使い方アドバイス

おせっかいだと思われるのはいやだけれど，と断りながら詮索するときの言い方です。明らかに相手を疑い，責める気持ちが含まれます。

Mary： I don't want to seem nosy, but what were you doing last night?
Jack： Nothing. I just went for a drive. Why?
Mary： I got a call from a friend. She said she saw you at a movie with a girl.

メアリ： うるさいと思われたくはないけれど，あなた，昨日の夜，何してたの？
ジャック：べつに。ドライブに行っただけさ。どうして？
メアリ： 友達から電話があって，映画館であなたが女の子といるところを見たって言ってたわよ。

Other Expressions

・I know this is none of my business, but …
　　私には関係ないけど，…
・I know I have no business asking this, but …
　　私には訊く権利はないけど，…
・Tell me if this is none of my business, but …
　　おせっかいだと思うでしょうけど，…

32 ご遠慮なく。
You can count on me.

(Serious)
使い方アドバイス

困ったときには手を貸すつもりがあることを，相手に伝えたいときに使う表現です。

Mary : I hope you get well soon.
Anna : Thank you. The doctors said I should be out of the hospital within a month.
Mary : Good. Please call if I can do anything for you. You can count on me.

メアリ：はやくよくなるといいわね。
アンナ：ありがとう。お医者さまは1ヵ月以内には退院できるっておっしゃったわ。
メアリ：よかったわね。なにかわたしにできることがあったら，電話してね。ご遠慮なく。

Other Expressions

・I'll always have time for you.
　　いつでも時間，空けるからね。
・I'm there for you.　いつまでもお役に立つわ。

まかせてよ。
You can trust me.

Serious
使い方アドバイス

相手の頼みを快く承諾するときに使う表現です。「わたしにまかせておけば，だいじょうぶ。心配しなくていい」という気持ちがあらわれ，相手に安心感をあたえます。

Tom: I'm going on a business trip for two weeks and I need someone to watch over the office. Do you think you can do it?
Anna: You can trust me.
Tom: I really appreciate your help.

トム： 2週間出張するのでその間，誰かに事務所の留守番をしてもらいたいんだ。君，引き受けてくれる？
アンナ：まかせてちょうだい。
トム： 本当にありがとう。

Other Expressions

- I'll take care of everything.
  私にすべてをおまかせください。
- Just leave it to me.　私がいたします。
- You have nothing to worry about.　ご心配なく。
- I'm your man.　がんばります。

34

私，口がかたいのよ。
My lips are sealed.

Serious
使い方アドバイス

「だれにも言わない」「口がかたい」という意味で，秘密をまもると約束するときに使う表現です。

Mary : Did you hear about Fred?
Anna : No, what about him?
Mary : You promise to keep it a secret?
Anna : Sure. My lips are sealed.
Mary : He got accused of sexual harassment.

メアリ：フレッドのこと，聞いた？
アンナ：いいえ，彼，どうかしたの？
メアリ：秘密まもるって約束する？
アンナ：もちろんよ。私，口がかたいのよ。
メアリ：彼，セクハラで，訴えられたんだって。

Other Expressions

・Mum's the word.　誰にも言わないよ。
・Not a word.　ぜったい言わないからね。

35 ここだけの話だけど…
Just between you and me …

Serious
使い方アドバイス

内緒話をするときの表現です。

Anna : Have you seen Henry lately?
Mary : Well … yes, I have.
Anna : Where is he?
Mary : Just between you and me, he got fired from his job. He's kind of embarrassed.

アンナ：最近ヘンリーに会った？
メアリ：ええ，会ったわ。
アンナ：彼，どこにいるの？
メアリ：ここだけの話だけど，仕事をクビになったのよ。それで，恥ずかしいと思っているみたいよ。

Other Expressions

・Don't let this out of the room.　よそで言わないで。
・Don't tell anyone about this.　誰にも言わないで。

やるだけやってみたら。
It never hurts to try.

Serious
使い方アドバイス

相手に物事をすすめるときの言い方です。「やっても損はない」「だめだって，いいじゃないか」という消極的なニュアンスを含んでいます。

Tom: Are you going to enter this race?
Mary: Yes, I am. But I know I don't have much of a chance.
Tom: Well, it never hurts to try.

トム： レースに参加するの？
メアリ：ええ，そうよ。優勝できないとは思うけど。
トム： まあ，やるだけやってみたら。

Other Expressions

・It won't hurt to try.　やったっていいじゃない。
・What do you have to lose?　やって損はないでしょう。
・You'll never know until you try.　やってみなきゃわかんないよ。

最後の手段として…
You can (could) always …

Serious
使い方アドバイス

困難に直面している相手に「いやだろうけど」,「最後の手段として」,「…ならいつでもできるでしょ」と言うときに使います。励ますような,からかうような,同情するような気持ちが混ざって伝わります。

Mary: I don't know what I'm going to do. My car broke down and I don't have any money to fix it.
Tom: That's too bad.
Mary: How am I going to get to work?
Tom: You could always take the bus.
Mary: I don't want to do that.

メアリ：わたし，どうしたらいいか分かんないわ。車は故障するし，修理するお金はないし。
トム： そりゃたいへんだね。
メアリ：どうやって仕事場まで行けばいいの？
トム： 最後の手段として，バスがあるさ。
メアリ：バスにだけは乗りたくないのよ。

Other Expressions

・I suppose you could always …　いつでも…する手があるよ。
・If all else fails, you could …　全部だめだったら…

あのね…
I have to tell you …

Serious
使い方アドバイス

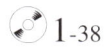

相手に言っておきたいことがあるとき，相手の注意をひくために使う表現です。「話したいことがある」「ぜひ，聞いてもらいたい」という気持ちを表します。

Anna : How are you doing today?
Mary : Fine. They say I will be out of the hospital in another week.
Anna : That's great news.
Mary : I have to tell you. I really do appreciate your coming all the way here to see me.

アンナ：ぐあいはどう？
メアリ：順調よ。あと1週間で退院できるんですって。
アンナ：よかったわね。
メアリ：あのね，わざわざ見舞いにきてくださって，本当に感謝してるわ。

Other Expressions

・I just want you to know … あなたに知ってもらいたくて。
・I want to let you know … あなたにお聞かせしたくて…
・You know something? 聞いてくれる？

39 正直言って…
To be perfectly honest with you…

(Serious)
使い方アドバイス

相手の弱みをちょっと遠慮しながら，しかしはっきりと突くときに使う表現です。

Jack: I can hardly wait to buy this computer. It's just what I've been looking for. What do you think?

Anna: To be perfectly honest with you, I don't think you can afford it. Maybe you should wait for a few months until the price comes down.

Jack: Maybe you're right.

ジャック：一刻もはやくこのコンピューターを買いたいよ。ぼくが探していた通りのものだ。どう思う？
アンナ：　正直言って値段が高すぎてあなたには買えないわよ。数か月待ったほうがいいんじゃないかしら，安くなるから。
ジャック：君の言うとおりかもしれないね。

Other Expressions

・Let me be straight with you.　はっきり言っておくけど。
・Let me put it to you this way.　言わせてもらうけど。

ぜったいに…
I wouldn't be caught (seen) dead …

使い方アドバイス (Serious)

人になにか勧められたけれども，きっぱり断るときの表現です。

Mary： What do you think about this big red hat?
Anna： It's okay.
Mary： Would you like me to buy it for you?
Anna： I wouldn't be caught dead in it.

メアリ：この大きい赤い帽子どう思う？
アンナ：まあね。
メアリ：買ってあげましょうか？
アンナ：ぜったいに要らないわ。

Other Expressions

・You couldn't pay me enough to (wear that hat).
　　お金をもらってもいやだ。

41

…でもいやだ。
I wouldn't … if you paid me.

Serious
使い方アドバイス

ぜったいにいやだという断固とした拒絶の表現です。

Tom :　　I'm planning to buy a new car. I'll sell you my old one for $400.
Anna :　　Are you kidding!
Tom :　　It's a good deal.
Anna :　　I wouldn't buy your car if you paid me.

トム：　新車を買おうと思っているんだ。古いのはきみに400ドルで売るよ。
アンナ：冗談でしょ。
トム：　いい話だろう。
アンナ：あんな車，お金をもらっても要りません。

Other Expressions

・I wouldn't … if you gave it to me.
　　くれると言っても要らない。

42 これ，どうかな？
Could I interest you in … ?

Serious

使い方アドバイス　遠慮がちに，しかし積極的に相手に物をすすめるときに使う表現です。

Tom : What about this stereo? I'll sell it to you for only $35.
Mary : No, I already have one.
Tom : Could I interest you in this bicycle? It's almost new.
Mary : Maybe I could use a bicycle.

トム ： このステレオ，どう？　35ドルで売るよ。
メアリ：要らないわ，持ってるから。
トム ： この自転車はどうかな？　新品同様だよ。
メアリ：そうねえ，自転車ならゆずってもらおうかしら。

Other Expressions

・Could I talk you into … ing?　こちらはいかが？

私が思うには…
If you want my opinion …

Serious
使い方アドバイス

> 相手が聞きたくないと思っていても，ぜひ言っておきたいことがある場合に使う表現です。それに対し，I'm not asking your opinion. と相手が切り返してくると，かなりとげとげしい空気になります。

Jack: I don't know what I am going to do. It seems that we get along so well and then she just explodes for no reason.

Tom: Well, if you want my opinion, I think you should leave her for good.

Jack: Well, I'm not asking your opinion.

ジャック：どうしたらいいか，分からないんだ。とってもうまくいっていると思っていると，彼女，わけもなく怒りだすんだよ。

トム：ぼくが思うには，彼女とは別れたほうがいいね。

ジャック：べつに君の意見は聞いていないよ。

Other Expressions

・If you ask me, …　私は…と思います。
・If you're asking my opinion, …　私としては，…

44 私だったら…
If I were you, I would …

Serious 使い方アドバイス

> 私があなたの立場だったら，という仮定のもとに自分の意見や忠告を述べるときに使います。

Anna : I'm planning on going camping this weekend.
Tom : If I were you, I wouldn't.
Anna : Why not?
Tom : The weather forecast says that a storm is coming.

アンナ：こんどの週末，キャンプに行くつもりなの。
トム：　ぼくだったら，行かないね。
アンナ：どうして？
トム：　天気予報によると，嵐がくるんだって。

Other Expressions

・If I were in your shoes, I would …　ぼくが君だったら…
・If it were me, I would …　わたしがそういう立場だったら…

いったい，どうなってるの？
What gives?

(Serious)
使い方アドバイス

> 相手の様子を不審に思い，そのなぞを解きたいときに使う表現です。

Anna : Are you planning to go to Ed's party next week?
Mary : No. I have no intention of going.
Anna : But I thought you were best friends. What gives?
Mary : We got into a big fight last night and I never want to see him again.

アンナ：来週，エドのところのパーティーに行くでしょ？
メアリ：行かないわ。行くつもりなんてないの。
アンナ：あなたたち仲がいいと思ってたんだけど。いったい，どうなってるの？
メアリ：昨日の夜，大げんかしたのよ。もう二度と会いたくないわ。

Other Expressions

・What's up?　どうしたの？
・What's happening?　なにがあったの？
・What's the deal?　なにがあったの？

46 どうしたの？
What's eating you?

(Serious)
使い方アドバイス

直訳すれば「なにがあなたを悩ませているのですか？」「なにがあなたを怒らせているのですか？」となります。浮かない顔をしている人に「どうしたの？なにか困ったことでも？」ときくときに使う表現です。

Jack : What's eating you?
Tom : Well, my computer just went down and now I have to rewrite a 50-page report.
Jack : That's too bad.

ジャック：どうしたの？
トム　　：コンピューターが動かなくなったんで，50頁もあるリポートを書きなおさなければならないんだ。
ジャック：それはたいへんだ。

Other Expressions

- What's got you down?　なに，がっかりしているの？
- Is something the matter?　なにがあったの？

47 あのひと，どうしちゃったの？
What's with him?

(Serious)
使い方アドバイス

泣いたり怒ったり叫んだりといった状態にある人について，なぜそうなったのかと聞くときに使います。その場合，その人物に対する同情の気持ちはほとんどありません。

Anna: Did you just see Bill?
Mary: Yeah, what's with him?
Anna: I don't know. He looks like he's lost his mind.

アンナ：いま，ビル，見た？
メアリ：見たわ。あのひと，どうしちゃったの？
アンナ：わからないわ。まるで狂ってしまったみたいね。

Other Expressions

・What's his problem?　なに，あいつ？
・Has he lost it, or what?　なにやっているんだろう，あいつは？
・What's got into him?　なんか変じゃない，あの人？
・What's wrong with him?　どうしたんだろう，あいつ？

48 もう，終わりだね。
He's lost it.

Serious
使い方アドバイス

全盛期をすぎたスポーツ選手などを評して言う表現です。

Tom: How did Fred's tennis match go yesterday?
Anna: Not very well. He hasn't had a good match in over a year.
Tom: He used to be the top player in the school. I guess he's lost it.

トム： きのうのテニスの試合で，フレッドはどうだった？
アンナ：あんまりいい出来ではなかったわ。この1年，試合の成績はよくなかったわね。
トム： フレッドは学校一のテニスの選手だったのに。もう終わりだね。

Other Expressions

・He's over the hill.　もう落ち目だよ，彼は。
・His time is over.　彼の時代は終わったね。

49 落ち着いてくれよ。
Don't get carried away.

Serious
使い方アドバイス

相手が思わぬ方向に事をすすめるのを制するときの表現です。

Jack: What is going on?
Tom: I'm getting ready for a celebration. I hear you're getting married.
Jack: Now don't get carried away. I've asked her, but she hasn't given me an answer yet.

ジャック：なにごとだい？
トム：　　お祝いの準備さ。きみが結婚するって聞いたから。
ジャック：落ち着いてくれよ。プロポーズしたけれどまだ返事はもらってないんだ。

Other Expressions

・Don't jump the gun.　ちょっと, はやいよ。

50 泣き寝入りしちゃだめ。
You shouldn't just lie down and take it.

Serious
使い方アドバイス

不当な扱いや仕打ちを受けながらがまんする気持ちを表現します。日本語には「泣き寝入りする」という表現があり，まさにそれが当てはまります。

Jack :　What's the matter? You look depressed.
Ann :　Well, my boss got mad at me for no reason.
Jack :　Did you say anything back to him?
Anna :　No, I just sat there.
Jack :　Well, you shouldn't just lie down and take it.

ジャック：どうしたんだ？　元気がないじゃないか？
アンナ：　そう，上司がなんの理由もなくわたしに当たり散らすの。
ジャック：ちゃんと言うことは言った？
アンナ：　いいえ，だまってじっとしていたわ。
ジャック：泣き寝入りしちゃだめだよ。

Other Expressions

・Don't roll over and play dead.　何か言われたら抵抗しなさい。
・Don't roll over and die.　無抵抗でいてはだめよ。
・Don't take it lying down.　言いたいことは言いなさい。
・Don't be such a doormat.　いい加減，言いなりになるのはやめなさい。

51 仕事は仕事だ。
Business is business.

Serious
使い方アドバイス

「仕事はあくまで仕事で，感情はまじえない」「これはこれ，あれはあれ」という割り切った考え方をするときに，使われる表現です。

Mary: You're my best friend. I can't believe you're firing me.
Tom: I'm sorry, but business is business.

メアリ：あなたは，私の親友でしょ。クビにするなんて信じられないわ。
トム： すまないけど，仕事は仕事だ。

Other Expressions

・That's the way the cookie crumbles.　仕方がない。
・It can't be helped.　どうしようもない。

それだけのことさ。
That's all there is to it.

(Serious) 使い方アドバイス

かなり困難な事態を覚悟のうえで受入れる気持ちをあらわす表現です。

Tom: If sales don't improve, this company will be out of business in two months.
Jack: What about getting a loan?
Tom: That's not possible. We just have to improve sales or go bankrupt. That's all there is to it.

トム： 売上をあげないと，この会社は2か月で倒産だよ。
ジャック：どっかから借入れしたらどうかな？
トム： それができないんだよ。売上をあげるか，倒産するかだ。それだけのことさ。

Other Expressions

・There's no way around it.　それしか方法がない。
・That's the bottom line.　それ以上考えてもしかたがない。
・There's nothing more to say.　それ以上言うことはない。
・That's what it all boils down to.　最終的にはそれしかない。

53 はっきり言っておくけれど…
Just for the record ...

Serious
使い方アドバイス

For the record は，裁判や会議などで発言が公式に記録されることを望むという意味です。それに just をかぶせて Just for the record... とすると，「はっきり言っておくけれど」という感情的な表現になり，日常会話ではよく使われます。just は，感情を，とくにいらだちを表現したいときに，効果的な語です。

Tom :　We're going to a basketball game. Get ready.
Anna :　Just for the record, I'm not going anywhere with you.
Tom :　Why? What's the matter?
Anna :　I don't like the way you talk to me.

トム：　バスケットボールを見にいくから，用意して。
アンナ：はっきり言っておくけど，私，あなたとはどこにも行きません。
トム：　どうして？　どうしたの？
アンナ：私に対する，あなたの物の言い方が気に入らないの。

Other Expressions

・For your information …　いいですか？
・Get this straight.　はっきりさせておくけど。

ちょっと，聞きたいんだけど。
I just have one small question for you.

(Serious)
使い方アドバイス

気になるので聞き出しておきたいことがあるときの，意地のわるい聞き方です。相手を困らせる意図があります。一番聞きたいことを，わざとa small question と，皮肉たっぷりに表現します。

Jack : I think we should stop seeing each other for a while.
Anna : Okay. But I just have one small question for you.
Jack : What?
Anna : Do you still love me?

ジャック：しばらくお互いに会わないようにしたほうがいいと思うんだけど。
アンナ： わかったわ。でも，ちょっと聞きたいんだけど。
ジャック：なんだい？
アンナ： 私のこと，まだ愛してる？

Other Expressions

・There's just one thing I'd like to ask.
　一つ聞きたいことがあるんだけど。
・Just one question.　一つだけ，いい？

55 …の様子は？
How is ... taking it?

Sad

使い方アドバイス

苦しみや悲しみに堪えている人の様子を，「どうしていますか」と思いやりをこめてきくときの表現です。

Jack: I heard about your father. I'm so sorry. When is the funeral going to be?
Mary: This coming Saturday.
Jack: How is your mother taking it?
Mary: Not too good. It was quite a shock for her.

ジャック：君のお父さんのこと，聞いたよ。お葬式はいつ？
メアリ： こんどの土曜日よ。
ジャック：お母さんの様子は？
メアリ： あまりよくないわ。母にはかなりのショックだったのよ。

Other Expressions

- How is ... dealing with it?　…はどうしている？
- How is ... managing [coping]?　…はだいじょうぶですか？

56

育て方が悪かったんだろうか？
Where did we go wrong?

使い方アドバイス (Sad)

親が子供の態度や状態を嘆いて言う独特の表現です。一般に「どうしてこんなことになったのだろう」というときには、What could be the matter？とかWhat could have happened？と言います。

Mother: I have some bad news. Jimmy got arrested for stealing a car.
Father: Oh no. I was afraid something like this would happen.
Mother: I just can't believe it.
Father: Where did we go wrong?

母：悪いニュースよ。ジミーが車を盗んで警察につかまったの。
父：なんてことだ。こんなことが起きるんじゃないかと心配はしていた。
母：信じられないわ。
父：育て方が悪かったんだろうか？

Other Expressions

・I thought we had raised him better than this.
　　こんなふうに育てたつもりはない。
・I feel like such a failure.
　　今までの俺のやってきたことはなんだったんだ。

もう，あきらめよう。
Let's face it …

使い方アドバイス

現実を直視し，ごまかさないで態度をきめようという決断を言い表しています。よろこばしくないことでも，それが現実だと認める気持ちを表します。

Jack: We have been going out for two years, and…
Anna: I know. It seems like we are always fighting.
Jack: Let's face it, we just don't seem to be able to get along.

ジャック：アンナ。もう2年もつき合ってきたけれど…。
アンナ：そうね。考えてみれば，いつもけんかばかりで。
ジャック：もう，あきらめよう。ぼくたち，うまくやっていけないんだよ。

Other Expressions

- Let's admit it.　仕方ないね。
- It's time to face the facts.　それが現実だよ。
- Who are we kidding?　もう，よそう。
- Let's stop fooling ourselves.　もうバカなまねはやめよう。

まったく腹がたつよ。
(Do) you know what gets me?

Angry
使い方アドバイス

> get には「人の心を捕らえる」という意味があります。人は心を捕らえられると，感動したり，戸惑ったり，いらいらしたりします。この例はいらいらしている場合で，直訳すると「何がわたしを怒らせるのか，わかっているでしょ？」となります。自分が腹をたてている理由をわかってほしいという気持ちを表現します。

Anna : You know what gets me?
Jack : What?
Anna : Every time we go camping, it rains.

アンナ　：まったく，腹がたつわ。
ジャック：なにが？
アンナ　：キャンプしようとすると，いつも雨が降るのよ。

Other Expressions

・Do you know what kills me?　やってられないよ。
・Do you know what eats me up?　いやになっちゃうよ。
・Do you want to know what ticks me off?　むかむかするぜ。
・Do you want to know what bugs me?　いらいらするぜ。

いやね，まったく…
Honestly …

使い方アドバイス (Angry)

このように文の最初に置く honestly は怒りや不満を表して，「いやはや，まったく」「ほんとうに」という意味になります。really に置き換えても，同じ気持ちが伝わります。「信じられない」「あきれてしまう」というニュアンスを含みます。

Anna： Do you think you could lend me $30?
Jack： No. I already lent you $20 and you haven't paid that back.
Anna： Honestly, I can't believe you think I wasn't planning to pay you back.

アンナ：ねえ，30ドル貸してくれる？
ジャック：だめ。前に貸した20ドル，まだ返してもらってないよ。
アンナ：いやね，まったく。私が返すつもりがないとでも思ってるの？

Other Expressions

・For goodness sake.　なんだよ。
・For crying out loud.　いやな人ね。

60 お願いよ。
Do me a favor.

Angry

使い方アドバイス　相手の言動にいらだち，それをやめさせたいときの強い表現です。

Mary : Jack. Do me a favor.
Jack : What?
Mary : Don't blow cigarette smoke in my face.

メアリ：　ジャック。お願いよ。
ジャック：なんだい？
メアリ：　頼むから，あたしの顔にたばこの煙，吹きかけないで。

Other Expressions

・Excuse me.　ちょっと。

かんべんしてよ。
Give me a break.

Angry

使い方アドバイス

そのことはもううんざり，聞き飽きた，という意をこめて相手の話をさえぎるときの表現です。

Anna: Where is that report? You said it would be ready an hour ago.
Tom: I'm afraid there's a problem with my computer.
Anna: Oh, give me a break. Your computer is always having problems.

アンナ：さあ，リポートを見せて。あなたの言ったとおりなら，1時間前にできているはずよ。
トム：　それがね，コンピューターの調子が悪くって。
アンナ：もう，かんべんしてよ。あなたのコンピューターはいつも調子が悪いんだから。

Other Expressions

・Don't do this to me.　もうやめて。
・Come off it.　もうやめてくれない。

それくらいしたっていいでしょう。
It won't hurt you to …

使い方アドバイス (Angry)

直訳すると「…しても損にはなりませんよ」となります。それをひねって、「たいしたことではないのだから、やったらどうなの？」と、抵抗している人にやや嫌みをこめて言うときに使う表現です。

Mother : Hurry, we need to leave.
Tom : I'm ready, but Lisa isn't.
Mother : It won't hurt you to help your sister.
Tom : All right.

母　：早くしなさい。もう出かけるわよ。
トム：ぼくはいいけど、リサはまだだよ。
母　：お兄さんなんだから、妹の支度を手伝ってあげたらいいでしょう。
トム：分かったよ。

Other Expressions

・It won't hurt (kill) you to … for a change.
　　たまにはやってくれてもいいでしょう。

63 やっても意味ないよ。
What's the use?

(Angry)
使い方アドバイス

「あきらめよう」「無理だ」という気持ちをこめて，すこし投げやりに，「どうせやっても意味ないわ」というときに使われる表現です。

Anna： We('d) better hurry and finish this report tonight.
Mary： How many more pages do we have?
Anna： We still have 30 pages to go.
Mary： Oh, what's the use? Let's go home.

アンナ：急いで今夜中にこのレポートを終わらせてしまいましょ。
メアリ：あと何ページ残っているの？
アンナ：あと30ページもあるのよ。
メアリ：そんなに残っているんならやっても意味ないわ。帰りましょう。

Other Expressions

・What's the point?　意味ないよ。
・Why even try?　もうやめようよ。

ついてないね。
Just my luck!

Angry
使い方アドバイス

嫌なこと，困ったこと，うれしくないことばかりが自分におこるときに，それを嘆いて言う言葉です。

Announcement : Flight 17 for Hong Kong has been delayed two hours due to poor weather.
Anna : What did she say?
Jack : She said our plane's two hours late.
Anna : Just my luck!

場内放送：香港行の17便は悪天侯のため，出発が2時間遅くれます。
アンナ： なんて言ったの？
ジャック：ぼくたちの乗る便が2時間遅れるんだって。
アンナ： ついてないわね。

Other Expressions

・Wouldn't you just know it.　やっぱりね。
・Why does this always have to happen to me?
　　どうしていつもこうなんだろう？

65 こんなことになるなんて…
This is not (exactly) my idea of …

Angry
使い方アドバイス

of の次にくるのは、楽しもうと思ったことです。「たのしみにしていたのに、こんなことになって」という期待はずれの気持ちが表現されます。

Mary: How far is it to the next town? I'm really bored.
Tom: About six hours. We'd better not take a break. I want to get there before dark.
Mary: This is not my idea of a fun vacation.

メアリ：隣町まであとどのくらいかかるの？　もうあきちゃったわ。
トム：　6時間くらいかな。このまま休まないでいったほうがいい。暗くなるまえには着きたいからね。
メアリ：こんなことになるなんて。今回は楽しい旅行だと思ったのに。

Other Expressions

・This is not exactly what I had dreamed about.
　　まったくあてがはずれたよ。
・This is not quite what I had in mind.
　　こんなつもりじゃなかった。
・This is not quite the way I had pictured (imagined) it.
　　こうだとは思わなかったね。

言っておくけど…
It may interest you to know that …

Angry
使い方アドバイス

話がかみ合わなくていらいらするときに,「あなたは分かっていないけれども」という気持ちを表現する言い方です。やや高飛車な感じがあります。

Jack: To publish a newsletter, we need someone who knows about journalism.
Tom: I do. I know something about journalism.
Jack: No. I was thinking about someone who really knows what they are talking about.
Tom: It may interest you to know that I majored in journalism in college.

ジャック：会報を作るには，ジャーナリズムを知っているひとが誰か，必要だね。
トム：ぼく，多少わかるけど。
ジャック：いや，ジャーナリズムがちゃんとわかっている人がいるといいと思ってさ。
トム：言っておくけど，ぼくは大学でジャーナリズムを専攻したんだからね。

Other Expressions

・I'll have you know that …　なに言っているんだい。
・Excuse me, but …　あのね…

67 その話は，もう終わり。
Subject closed.

Angry
使い方アドバイス

> これは親と子の間で日常よく使われる表現です。「このことについては，もうこれ以上話さない」「だめなものは，だめ」という意味です。子供の執拗な要求をぴしゃりとはねつける親の一言として効果的です。

Son : Mom, can I borrow some money for a show?
Mother : Have you already spent your allowance?
Son : Yeah, but I had to buy shoes.
Mother : You already have enough shoes.
Son : But Mom, I…
Mother : Subject closed.

息子：お母さん，映画に行きたいんだけど，お金貸してくれない？
母： このあいだあげたお小遣い，全部使っちゃったの？
息子：どうしても靴を買わなきゃならなかったんだもの。
母： 靴ならあんなにたくさん，持ってるのに。
息子：でも…。
母： その話は，もう終わり。

Other Expressions

・You heard me.　もう聞いたでしょう。

68 だめだって言ったらだめ。
… and that's that.

(Angry)
使い方アドバイス

これは自分の意見を言い切るときに，最後につける言葉で，…period. と同じように使うことができます。「この話はこれ以上，したくない」「これでこの話は，おしまい」という意味になります。

Tom： Can I borrow your computer? I need it to write a report for school.
Jack： No. I don't let anyone use my computer.
Tom： Please. I only need it for a few hours
Jack： I said no, and that's that.

トム： 君のコンピューターを借りてもいいかい？ 学校のリポートを書くのに使いたいんだけど。
ジャック：だめだよ。誰にも使わせないことにしているんだ。
トム： お願いだ。2時間か3時間でいいから。
ジャック：だめだって言ったらだめ。

Other Expressions

・That's final.　もうやめなさい。
・I don't want to hear any more about it.
　　これで，この話はおしまい。
・And don't ask me again.　もう二度とわたしに頼まないで。

あなたには無理かな？
Is that asking too much? (Is that too much to ask?)

Angry

使い方アドバイス

依頼したことをしない相手を，意地わるく責める表現として使われます。

Jack: Did you file those papers I gave you yesterday?
Anna: No, I was too busy.
Jack: When I ask you to do something, I want you to do it right away. Is that asking too much?

ジャック：きのう渡した書類，綴じてくれたね？
アンナ： いいえ，忙しくてできなかったわ。
ジャック：私は，頼んだ仕事はすぐにやってもらいたいんだよ。君には無理かい？

Other Expressions

・Is that demanding too much?
　　そのぐらいはやってくださいよ。
・Is that understood?　分かったわね。

…って言ったはずだけど。
I thought I told you to …

Angry

使い方アドバイス　依頼したことを相手がしなかったとき，遠回しに皮肉をこめて責める表現です。

Mary: What happened to this plant?
Jack: It died.
Mary: I thought I told you to water it.
Jack: Sorry, I forgot.

メアリ：　この植木，どうしたのかしら？
ジャック：枯れちゃったよ。
メアリ：　あなたに水をやってって言ったはずだけど。
ジャック：ごめんなさい，忘れてしまった。

Other Expressions

・Didn't I tell you to … ?　…って言わなかった？

71

さっさとしなさい。
Get a move on.

Angry
使い方アドバイス

ぐずぐずしている相手にさっさと行動するようにせきたてるときの言い方です。

Tom : Where is the report?
Jack : I forgot to bring it.
Tom : You forgot!? We need to give it to the teacher by 3:00.
Jack : I'll go home and get it.
Tom : Get a move on.

トム： レポートは？
ジャック：持ってくるのを忘れたよ。
トム： 忘れただって!?　3時までに先生に渡さなくちゃならないんだよ。
ジャック：うちまで取りに行ってくるね。
トム： さっさと行ってこいよ。

Other Expressions

・Get going!　はやくしてよ。
・Hustle (it)!　ぐずぐずしないで。
・Shake a leg.　急ぎなさい。

何回言わせるの？
How many times … ?

Angry

相手に何度も同じことを注意しなければならないとき，目上の者がよく使う表現です。

使い方アドバイス

Mother : Tom, look. You spilt the milk all over the table!
Tom : I was trying to pour it into my glass.
Mother : How many times do I have to tell you to be careful?

母： トム，ほら，テーブルの上に牛乳がこぼれてるじゃないの！
トム：ぼく，コップにつごうとしてたんだよ。
母： こぼさないようにって，あれほど言ったのに。何回言わせるの？

Other Expressions

・I've told you a hundred times, …
　　何度も何度も言ったじゃない。
・When are you ever going to learn that … ?
　　何回言ったらわかるの？

73 …しようなんて思わないことだね。
You can forget about …

Angry
使い方アドバイス

率直に「あなたには…できない」というのを避けて，「…しないなら…しようなんて思わないことだね」と遠回しに言うときに使う表現です。おだやかそうで，実はたっぷり皮肉がこめられています。

Jack： Let's go to the beach tomorrow.
Tom： Don't you have a test on Monday?
Jack： Yes, but ….
Tom： Well, if you don't study, then you can forget about passing the test and you can forget about graduating.

ジャック：明日，海に行こうよ。
トム： 月曜日にテストがあるんじゃない？
ジャック：そうなんだけど…。
トム： ふーん，勉強しないんなら，テストにパスしようとか，卒業しようとか思わないことだね。

Other Expressions

・You might as well forget about …
　　もう，考えるのをやめなさい。
・You can kiss … goodbye.　もう，…はあきらめなさい。

なにを考えてたんだ？
What were you thinking?

Angry
使い方アドバイス

相手に対し，怒りと軽蔑の気持ちをこめて言う表現です。これは相手が年下か同年齢の場合に限っての言い方で，目上に対しては使えません。

Father : Look at this book. You scribbled all over it.
Tom : I'm sorry. I didn't think it was important.
Father : Well, it is important. What were you thinking?

父： どうしたんだ。この本は。こんなに落書きをしちゃって。
トム：ごめんなさい。べつに大切な本だとは思わなかったんだ。
父： それが，大切なんだよ。なにを考えてたんだ？

Other Expressions

・Where was your head at?　頭，どうかしたの？
・What's the matter with you, anyway?　きみ，大丈夫？
・Have you got rocks in your head?　脳みそ，あるの？

ほら，ごらんなさい。
Are you happy now?

使い方アドバイス (Angry)

直訳すれば「いま，しあわせですか？」となります。これはかなりの皮肉です。悪い結果をみちびくようなことをした相手に非難をこめて言うと効果的です。

Mary: I told you not to play with your ball in the house! Now look! You broke my radio!
Tom: I'm sorry.
Mary: Are you happy now?

メアリ：家のなかでボール遊びをしないでって言ったでしょ！　ねえ！　わたしのラジオ，壊したのよ！
トム：　ごめんなさい。
メアリ：ほら，ごらんなさい。

Other Expressions

- I hope you're happy now.　これで気がすんだでしょう。
- I hope you're proud of yourself.　よくやるわね。
- You've really done it now.　やってくれたわね。
- Are you satisfied now?　いいかげんにしなさい。

どうして，そんなに…なの？
How could you be so … ?

Angry
使い方アドバイス

直訳すると「どうして，そんなに…なの？」「どうして…なことができるの？」となります。so のあとには，たいていの場合，相手を攻撃する stupid, forgetful, rude のような語を用います。

Jack : I am never going to talk to Alice again.
Tom : Why? What happened?
Jack : I asked her if she wanted to go fishing with me and she exploded.
Tom : How could you be so stupid? Don't you know she thinks fishing is cruel to animals?

ジャック：もうアリスとは口をきかないからね。
トム　　：なぜ？　なんかあったのかい？
ジャック：釣に誘ったら，すごい勢いで怒るんだ。
トム　　：どうして君はそんなにバカなんだい？　彼女は釣を動物虐待だと思ってるんだよ。

Other Expressions

・Just how (stupid) are you?　バカだね，おまえは。
・How (stupid) can you be?　なんてバカなの？

77

おい，なにやってるんだ？
Just what do you think you're doing?

使い方アドバイス (Angry)

What are you doing？は，「なにをしているのか」と聞いています。これに do you think をはさみ込むと，相手の様子に不審をいだき，腹立たしげに問いただす表現に変わります。

Jack : Just what do you think you're doing?
Tom : Nothing. I was looking for my necktie.
Jack : You were looking for your necktie in my drawer?
Tom : Yeah, I thought you might have borrowed it.
Jack : Well, I didn't.

ジャック：おい，なにやってるんだ？
トム　：　べつに。ぼくのネクタイ，捜してたんだ。
ジャック：ぼくの引き出しにきみのネクタイが入ってるのかい？
トム　：　ああ，きみが黙って借りてったかなと思ってね。
ジャック：まさか，借りてやしないよ。

Other Expressions

・What in the hell are you doing?
　　いったいぜんたいなにやっているんだ？
・What's going on here?　なに，これ？

いったい，どういうつもり？
What's the big idea?

使い方アドバイス (Angry)

相手のやったことに腹をたてて「いったい，どういうつもり」と怒りをこめて言う表現です。このような場合の big は，「すばらしい」の意味が消え，「バカバカしい」というマイナスのイメージを表現します。

> Anna : Have you seen my notebook?
> Mary : Yeah, I borrowed it.
> Anna : What's the big idea?
> Mary : I'm sorry for not asking.
>
> アンナ：私のノート，見なかった？
> メアリ：借りてるわ，私が。
> アンナ：いったい，どういうつもり？
> メアリ：ごめんなさい。だまって借りて。

Other Expressions

- Where do you get off (borrowing my notebook without asking)?　どういう神経しているの？
- Who gave you permission?　誰がいいと言った？

やめなさい。
Do you mind?

Angry

使い方アドバイス

相手のやっていることをやめさせたいときに使う表現です。

Tom : I like to read the newspaper in the morning.
Jack : Here, let me read the comics. (Jack reaches for the comics.)
Tom : Do you mind? (Tom pulls the paper away.)

トム： 朝は新聞を読まなくちゃ。
ジャック：え，漫画，見せてよ。（ジャックが漫画の載っているページに手をのばす）
トム： おい，やめろよ。（新聞をひっぱりながら）

受動的表現

相手の発言を受けてそれに対し,自分の考えや気持ちを伝える表現。

そんなに言ってもらってうれしいわ。
That's about the nicest thing anyone's ever said to me.

Happy 使い方アドバイス

人は、ほめられると照れてしまい、はっきり「ありがとう」と言えない傾向があります。これは、「こんなにほめられたのははじめてだわ」という具合に、率直にほめられたうれしさを伝える表現です。

Anna : You know, without your help I would never have been able to graduate.
Mary : No. You worked very hard.
Anna : You are the best friend I've ever had.
Mary : That's about the nicest thing anyone's ever said to me.

アンナ：あなたが助けてくれなかったら、私はぜったいに卒業できなかったわ。
メアリ：そんなことないわ。あなたは一生懸命がんばったわよ。
アンナ：あなたは私の最高の友だちよ。
メアリ：そんなに言ってもらってうれしいわ。

Other Expressions

・No one has ever said such a nice thing to me before.
　こんなにほめてもらったことははじめてです。
・You really know how to make a person feel good.
　うれしいわ、本当に。

恩にきるよ。
I owe you one.

> oweは「借りがある」の意味で，「恩恵をこうむっている」「恩にきる」「恩返しをしなければならない」というニュアンスを持ち，非常にありがたいと思ったときの感謝の表現です。

Tom : I have a big favor to ask. I need to pick up my sister at the airport, but my car won't start. Would you take me to the airport to get her?
Jack : Sure, no problem.
Tom : Thanks. I owe you one.

トム： 悪いんだけど，頼みたいことがあるんだ。妹を空港まで迎えに行かなくちゃならないのに，車のエンジンがかからないんだ。君の車でぼくを空港まで連れていってくれないかな？
ジャック：ああ，いいとも。
トム： ありがとう。恩にきるよ。

Other Expressions

・I owe you for this.　お世話さま。
・I will be indebted to you for life.　ご恩は一生忘れません。
・This means a lot to me.　本当にありがたいわ。

いいよ。
Will do.

(Happy) 使い方アドバイス

なにか頼まれた時に「ああ，いいとも」と，気楽に，相手のたのみを聞き入れるときに使う表現です。

Anna : I have a real bad headache.
Jack : That's too bad. Is there anything I can do?
Anna : Maybe I could ask you to buy me some aspirin.
Jack : Will do.

アンナ： とっても頭が痛いの。
ジャック：それはいけないね。なにかぼくにできること，ある？
アンナ： 悪いけど，アスピリン買ってきてくださる？
ジャック：いいよ。

Other Expressions

・Sure thing.　もちろん。
・My pleasure.　よろこんで。
・You bet.　もちろん。

4 気にしてないわ。
No hard feelings.

(Happy)
使い方アドバイス | 自分は何も気にしてはいないと，相手に伝える表現です。

Anna : Sorry I didn't go to your party yesterday.
Mary : What happened?
Anna : My dog got sick. I'm really sorry.
Mary : Oh, no hard feelings.

アンナ：きのう，あなたのところのパーティーに行かなくてごめんなさい。
メアリ：どうしたの？
アンナ：犬が病気になったの。ほんとうにごめんなさい。
メアリ：いいのよ，気にしてないわ。

Other Expressions

・No problem.　平気だよ。
・Say nothing more abont it.　あやまらなくていいのよ。

5 よかった。
Thank goodness (God).

使い方アドバイス (Happy)

それまでの不安が消えて，ほっとしたときの言葉です。「ありがたい」「ああ，助かった」「ああ，よかった」と，安心した気持ちを伝えます。

Anna : How is your cat?
Jack : She's going to have to have an operation, but I think she'll live.
Anna : Thank goodness.
Jack : She's lucky to be alive after you ran over her with your car.

アンナ： あなたの猫のぐあいどう？
ジャック：手術しなければならないけど，助かると思うよ。
アンナ： ああ，よかった。
ジャック：君の車にはひかれちゃったけど，助かったんだから運がいいよ。

Other Expressions

・Thank heavens.　ほっとした。

🎧 1-85

私めでございます。
Yours truly.

使い方アドバイス (Happy)

自分のことをスマートに強調して言う表現です。へりくだったときにも威張るときにも使えます。

Anna : This is a great pie. I don't think I've ever tasted anything so delicious.
Jack : You really like it?
Anna : It's great. Who made it?
Jack : Yours truly.

アンナ： このパイ，最高よ。こんなおいしいパイ，食べたことないわ。
ジャック：そんなにおいしい？
アンナ： おいしいわ。誰が作ったの？
ジャック：私めでございます。

Other Expressions

・You're looking at her.　目の前にいるでしょ？

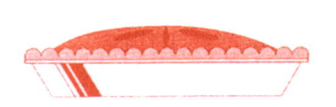

7 そう，そう。
Now you're talking.

使い方アドバイス（Happy）

それまで見当はずれだった相手の言うことが自分の意見に近づいてきたときに，これでやっとまともに話を進めることができるという，ほっとした思いをこめて言う表現です。

Jack : I'd like to buy your computer. How about $300?
Anna : Are you joking?
Jack : Well then, what about $900?
Anna : Now you are talking. You can have it for $950?
Jack : It's a deal.

ジャック：君のコンピューターを譲ってもらいたいんだけど。300ドルではどうだい？
アンナ： 冗談でしょ！
ジャック：それじゃ，900ドルでは？
アンナ： そう，そう，それくらいが相場よ。950ドルで，どう？
ジャック：決まりだね。

Other Expressions

・That's more like it.　そうそう，そうよ。
・Now we're in the ballpark.　そのぐらいかな。

8 だって…
It's just that …

使い方アドバイス 言い逃れをするときの表現です。that のあとには言いわけがつづきます。

Father : Your grades are terrible. I know you are smarter than this.
Son : I know, but …
Father : I want you to study harder.
Son : It's just that I'm not interested in studying. I don't see how it's ever going to benefit me.

父： ひどい成績だね。もっといい成績がとれるはずだろう。
息子：でも…
父： もっと一生懸命，勉強しなさい。
息子：だって，勉強，おもしろくないんだもの。勉強してもなんの得にもならないと思うけど。

Other Expressions

・I guess I'm just not (interested in studying).
　　…じゃないのかな。
・I just don't see the point in (studying).
　　…をどうしてしなきゃならないか分からない。

9 誰にも分からない。
It's anyone's guess.

使い方アドバイス

どんな出来事が起こるか，どんな結果になるか，はっきりしないときに使う言い方です。日常会話でよく使います。似ている表現に Only God Knows. があります。これは，人の生死のようにまじめな問題を論じる場合に使います。

Tom : Who do you think will win the Super Bowl?
Anna : It's anyone's guess. Both of the teams have had an excellent season.

トム： スーパーボールの試合，どっちが勝つかな？
アンナ：誰にも分からないんじゃないかしら。だって，このシーズン，両チームともすばらしい成績をおさめているでしょ。

Other Expressions

・It's hard to say.　さあ，どうだろう。
・Good question.　分からないな。
・Your guess is as good as mine.
　　誰にも分からないんじゃないかな。

10 さあねえ。
Beats me.

使い方アドバイス

人に聞かれて少し考えてみたけれども答えようがないときの表現です。"I don't know." と答えるよりほかになく，困っている様子がうかがえます。

Jack: Why would anyone do such a foolish thing?
Mary: Beats me. I thought Ken had more sense than to drive drunk.
Jack: Maybe he has a drinking problem.
Mary: That might be true.

ジャック：どうしてあんなバカなことをするんだろう？
メアリ： さあねえ。ケンはよっぱらい運転なんかすると思わなかったけど。
ジャック：酒ぐせがわるいんじゃないかな。
メアリ： そうかもしれないわ。

Other Expressions

- You got me.　参ったな。
- Couldn't tell you.　分からないな。
- Who knows?　誰にも分からない。

11 そうなんだけどね。
Don't I know it.

> 「言われなくても，よく分かっている」というニュアンスで受け答えをする言い方です。この表現は事柄が楽しくうれしい場合には決して使いません。

使い方アドバイス

Anna: Where are you going?
Mary: I have to go to New York tonight.
Anna: New York? But there's a blizzard!
Mary: Don't I know it. But my brother got arrested, and I have to go see him in jail.

アンナ：どこへ行くの？
メアリ：ニューヨークへ行かなければならないの，今晩。
アンナ：ニューヨークですって？　大雪よ！
メアリ：そうなんだけど。弟が警察につかまったので会いに行かなきゃならないのよ。

Other Expressions

・You got that right.　そのとおりよ。
・That's the truth.　本当よ。
・Isn't (Ain't) that the truth.　そうだろうね。

12 まあ，そういうもんさ。
That's the way it goes.

使い方アドバイス | 物事が思いどおりに進まず，嘆いている相手をなぐさめるときの表現です。

Anna : You look depressed. Are you okay?
Jack : I asked Lisa to go mountain climbing with me on Saturday, but she said she already has a date.
Anna : Well, that's the way it goes.

アンナ： 元気がないわね。だいじょうぶ？
ジャック：土曜日に山登りに行こうってリサを誘ったんだけど，デートの約束があるんだって。
アンナ： まあ，そういうものよ。

Other Expressions

・That's life. それが人生さ。
・That's the way the ball bounces. そんなもんだよ。

13 聞くんじゃなかった。
Sorry I asked.

> 「聞かなければよかった」という後悔の念を表現します。この言い方には，相手に対する軽蔑を含むことがあります。

Tom: I hear you're moving. Is there anything I can do to help?

Jack: Sure. I need you to lend me your truck. And could you come at 6:00 AM to help me move my piano and refrigerator? We should be done before it gets dark.

Tom: Sorry I asked.

トム： 引っ越しするんだって？ なにか手伝うことある？
ジャック：もちろん。トラック貸してくれないかな？ それから朝6時にうちにきて，ピアノと冷蔵庫を運んでもらいたいんだ。日が暮れるまえに終わらせたいから。
トム： 聞くんじゃなかった。

Other Expressions

・Me and my big mouth.　でしゃばらなければよかった。
・I should have known better than to ask.
　　よけいなことを言うんじゃなかった。
・I should have seen this coming　しまった。

14 これを機会に…
Why don't you look at this as an opportunity to...

Serious
使い方アドバイス

困難に遭遇した人をはげますときに使う表現です。悪く考えないで，いい機会だからほかのことをしてみたら，とすすめる言い方です。

Anna: You look depressed. What's the matter?
Tom: The company that I work for is going out of business. I don't know what I'm going to do.
Anna: Why don't you look at this as an opportunity to start your own business?
Tom: That's a possibility.

アンナ：沈みこんでいるようね。どうしたの？
トム：　ぼくの勤めている会社がつぶれそうなんだよ。どうしたらいいだろう。
アンナ：これを機会に，自分で商売をはじめたらどうかしら？
トム：　それもいいね。

Other Expressions

・This might be the perfect time to …
　　…するには絶好のタイミングかもしれない。
・Now might be the time to …
　　今が…するのに一番いいときです。

15 そんなに自分を責めるんじゃないよ。
Don't be so hard on yourself.

Serious

使い方アドバイス

> すべては自分のせいでこんなことになった，と思いつめている人に対して，そのつらさをやわらげるための，なぐさめの表現です。

Tom : What is the matter? Why are you crying?
Anna : My dog died last night.
Tom : That's too bad.
Anna : It's all my fault. I should have had the veterinarian look at him.
Tom : Don't be so hard on yourself.

トム：　どうしたの？　どうして泣いているの？
アンナ：ゆうべ，私の犬が死んだの。
トム：　そうだったのか。
アンナ：私が悪かったの。医者に診てもらえばよかったのよ。
トム：　そんなに自分を責めるんじゃないよ。

Other Expressions

- There's nothing you could have done about it.
    あなたにはどうしようもなかったのよ。
- You did all you could.　できることはみなやったでしょう。
- Don't get down on yourself.
    自分をそんなふうに悪く思わないで。

16 分かるよ。
I know the feeling.

Serious
使い方アドバイス

相手に同情するときに使う表現です。

Jack: What's the matter? You look depressed.
Anna: I got in a fight with my mom. She told me I couldn't go skiing on Saturday. I'm so mad.
Jack: I know the feeling.

ジャック：どうしたの？　元気がないね。
アンナ：　ママとけんかしちゃったの。だって土曜日にスキーに行かせてくれないんだもの。頭にきちゃった。
ジャック：分かるよ，その気持ち。

Other Expressions

・I can sympathize (with you)　同情するよ。
・I know what you mean.　君の気持ち分かるよ。

17 こんどはがんばってね。
Better luck next time.

Serious
使い方アドバイス

落胆している人をはげますときの表現です。「今回は運がなかったけれど，このつぎは運がいいように」という意味です。こういう場合，日本語では「こんどはがんばってね」といいます。これは相手を励ます気持ちの表現で，決して努力を強いているのではありません。

Anna : I just heard the results of the test.
Jack : Yeah. I'm quite disappointed. I thought I would pass.
Anna : Better luck next time.
Jack : Thanks.

アンナ： たったいま，テストの結果を聞いたわ。
ジャック：ああ，まったくがっかりだよ。合格すると思ったのに。
アンナ： こんどはがんばってね。
ジャック：ありがとう。

Other Expressions

・There's always another time.　これで終りじゃないさ。
・You can always try again.　いつでも，やりなおせるさ。
・You'll do better the next time around.　次はうまくいくよ。

18 あなたの気持ち，よく分かります。
I know what you're going through.

Serious
使い方アドバイス

> go through は「苦しみなどを受ける」「困難を切り抜ける」という意味です。つらい目にあっている相手をなぐさめるときに使います。

Tom： Why are you crying?
Mary： I just got fired from my job.
Tom： What happened?
Mary： My boss said I lost an important report, but actually he lost it.
Tom： Well, I know what you're going through.

トム： どうして泣いているの？
メアリ：クビになったの。
トム： なにがあったの？
メアリ：上司はわたしが大切な書類をなくしたって言うけれど，なくしたのは彼なのよ。
トム： 君の気持ち，よく分かるよ。

Other Expressions

・I know how bad you must feel.
　あなたのつらい気持ち，分かります。
・You have every right to be upset.　腹をたてて当然よ。

19 めちゃくちゃ…
Talk about (busy).

Serious 使い方アドバイス

直後に形容詞を付けて，その内容をおおげさに表現します。

Anna: What are your plans for tomorrow? Will you be busy?
Jack: Talk about busy. I have a million things to do.

アンナ： 明日の予定は？ いそがしい？
ジャック：めちゃくちゃいそがしいよ。やることが山ほどあるんだ。

Other Expressions

・You said it.　そのとおりさ。

本当だってば。
Honest to God.

(Serious)
使い方アドバイス

> 直訳すれば「神に誓って嘘はついていない」という意味です。相手が自分を信じないときに，自分の言っていることは本当だと説得するために使う表現です。

Tom : I waited for you for two hours last night.
Anna : Something terrible happened. A lion escaped from the zoo and was trying to get in our house.
Tom : No way.
Anna : Honest to God. It's true.

トム　：昨日の夜，君のこと，2時間も待ったのに。
アンナ：おそろしいことが起こったのよ。ライオンが動物園から逃げ出して，うちに入ってこようとしたんだから。
トム　：そんなことあるわけないだろ？
アンナ：本当だってば。嘘じゃないわ。

Other Expressions

- Cross my heart.　神に誓って。
- On my honor.　本当に。
- I'm serious.　まじめに言ってるのよ。
- I swear.　誓うわ。

21. 気にすることはないさ。
It's just one of those things.

Serious
使い方アドバイス

なにか事が起こったときに、「それはよくあることだから気にすることはない」となぐさめるときに使う表現です。

Mary: Oh no. I've got a flat tire.
Anna: You're right.
Mary: This is terrible. Now we're going to be late. I think I'm going to cry.
Anna: Don't worry. It's just one of those things.

メアリ：どうしよう。パンクだわ。
アンナ：そうみたいね。
メアリ：こまったわ。これじゃ，遅れてしまう。
アンナ：心配しないで。気にしないことよ。

Other Expressions

・This happens all the time.　しょっちゅうあることよ。
・It can't be helped.　仕方がない。
・It's part of life.　そういうもんだよ。
・That's life.　くよくよするなよ。

22 気にしないで。
Don't let it eat you up.

Serious
使い方アドバイス

eat up には「情熱や苦痛が人をさいなむ」という意味があります。この場合は一つのことを思いつめる人に向かって「そのことばかり考えないで」「気にしないで」という気持ちを伝えたいときに使います。

Anna: What's the matter? You look depressed.
Mary: Bill promised me that he would help me study for the test, but today he said he's too busy.
Anna: Don't let it eat you up. Bill's not so smart anyway.

アンナ：どうしたの？　落ちこんでいるみたいね。
メアリ：ビルが試験の勉強手伝ってくれるって私に約束したのに，今日になって忙しいからだめだって言うのよ。
アンナ：気にしないで。とにかく，ビルはそれほど優秀じゃないわ。

Other Expressions

・Don't let it bother you (get to you). くよくよしないで。
・Don't let it get under your skin (on your nerves).
　　いらいらしないで。
・Try not to let it get you down. がっかりしないで。

23 考えておくけど。
Well, we'll see.

(Serious) 使い方アドバイス

基本的には反対で，許可する気持ちがほとんどないときに，「まあ，そうねえ，考えておくわ」と返す，気のりのしない返事に使われる表現です。

Daughter : Mom, can I go skiing next weekend?
Mother : I don't know. What are you going to do if you break a leg?
Daughter : Please. I'll be careful.
Mother : Well, we'll see.

娘：お母さん，来週の週末にスキーに行っていい？
母：さあねえ。脚でも折ったらどうするの？
娘：おねがい。気をつけるから。
母：そうねえ，考えておくけど。

Other Expressions

・I'll think about it.　考えてみるけど。

24 ためしに…させて。
Try me.

Serious
使い方アドバイス

相手の力になりたいと思うときに使う表現です。

Jack : You look upset. Tell me what's the matter.
Tom : You'd never understand.
Jack : I might. Try me.

ジャック：むしゃくしゃしているようだね。どうしたんだい？
トム：　　話したって，君には分かりっこないよ。
ジャック：分かるかもしれないよ。言ってみれば。

Other Expressions

・Give me a try.　私にやらせて。

25 ぜったいよ。
You can bet your life on it.

Serious
使い方アドバイス

これは、「ぜったいに…する」「なにがなんでも…する」という決意の表明です。definitely の一言に置き換えることができます。

Jack： Are you planning to take a vacation this year?
Mary： You can bet your life on it. I haven't had a vacation in three years. Nothing's going to stop me.

ジャック：今年は休暇をとるつもり？
メアリ： ぜったいよ。これでもう3年，とってないんですもの。なにがなんでも，とるわ。

Other Expressions

・You can bet on it.　そうだとも。
・You better believe it.　たしかに。
・You can be sure about that.　間違いないわ。

26. 毎度のことじゃないか。
It wouldn't be the first time.

Serious
使い方アドバイス

> これは強烈な皮肉です。相手の顔を見ないでぶつぶつと，痛いところを突くつもりで言うと，相手の面目は丸つぶれです。

Jack: Could you help me write a report for my biology class?
Tom: I'm kind of busy this week.
Jack: If you don't help me, I'm not going to pass this class.
Tom: It wouldn't be the first time.

ジャック：生物学のレポートを書くの，手伝ってくれないか？
トム： ちょっと今週はいそがしいんだ。
ジャック：手伝ってくれないと，ぼく，このクラス，落としてしまうよ。
トム： それは，毎度のことじゃないか。

Other Expressions

・It wouldn't surprise me.　驚かないよ。
・What else is new?　しょっちゅうだろ。

27 いつものことよ。
Wouldn't you just know it.

使い方アドバイス (Serious)

そう聞いても今さら驚かないというときに使う表現です。

Tom : Did you hear about John?
Anna : No. What happened?
Tom : He got a ticket for speeding.
Anna : Wouldn't you just know it.

トム： ジョンのこと，聞いた？
アンナ：聞いてないわ。なにかあったの？
トム： スピード違反で捕まったんだって。
アンナ：いつものことよ。

Other Expressions

・Tell me something new.　よくあることよ。
・Why am I not surprised?　びっくりしないわ。

たいしたことじゃないさ。
It's not the end of the world.

Serious
使い方アドバイス

the end of the world は，「大変なこと」「重大なこと」という意味があります。心配している人や腹を立てている人に向かって「おおげさにさわぐことではない」と言いたいときの表現です。

Jack：　I'm going to kill Bob!
Tom：　Why? What did he do?
Jack：　I lent him my best umbrella and now it doesn't open.
Tom：　Calm down. It's not the end of the world.

ジャック：ボブのやつ，殺してやる！
トム：　　どうして？　ボブがなにをしたんだい？
ジャック：あいつに一番いい傘貸したら，開かなくしちゃったんだ。
トム：　　あたま冷やせよ。たいしたことじゃないさ。

Other Expressions

・You'll survive.　死にはしないから。
・It's not that big a deal.　平気だよ，そんなこと。
・Just forget it.　気にしない，気にしない。

29 まあいいでしょ。
I can't blame you.

Serious
使い方アドバイス

> 直訳すると,「あなたを責めることはできない」となります。これは,賛成できないながらも納得するときにも使えます。

Anna: I've decided to quit my job and become a professional golfer.
Jack: Are you sure about it? You're taking a big chance.
Anna: I know but it's what I wanted to do.
Jack: I can't blame you. If you don't try, you'll always wish you had.

アンナ：私,仕事をやめてプロゴルファーになるわ。
ジャック：だいじょうぶ？ 大きなかけだよ。
アンナ：分かっているけど,でも,ずっとやりたかったことなのよ。
ジャック：まあ,いいでしょ。やろうと思った時やらないと,後悔するから。

Other Expressions

・I don't blame you.　それでよかったんだ。
・I can't say I blame you.　あなたにやめろとは言えない。
・I guess it's for the best.　それが一番いいんだろうな。

30 どうしてそう言いきれるの？
How can you be so sure?

Serious
使い方アドバイス

相手と意見がちがうときに，あるいは相手の言うことが納得できないときに使う表現です。これは質問というより，陳述です。単に Are you sure? と聞いた場合は「ほんと？」と，確認するにとどまります。

Tom : I just found out that Bob and Kathy are getting a divorce.
Jack : You're joking.
Tom : No, it's true.
Jack : How can you be so sure? I just saw them at a party two weeks ago and it looked like they were crazy about each other.

トム： ボブとキャシー，離婚しそうだよ。
ジャック：うそだろう？
トム： うそじゃないさ。
ジャック：どうしてそう言いきれる？ 2週間前2人をパーティーで見かけたけど，お互いぞっこんって感じだったぜ？

Other Expressions

・How would you know?　どうして知っているの？
・What makes you think you know?
　　あなたは何も分かっていないのよ。

31

そううまくはいかないよ。
It just doesn't work that way.

Serious
使い方アドバイス

> It just doesn't work that way. は機械などの操作に関して、「それじゃ動きませんよ」というときに使う表現です。しかし、just が加わると、相手の考えの甘さをたしなめる表現に変わります。

Tom: I am going to go to college and then become the president of a company.
Jack: It just doesn't work that way.
Tom: What do you mean?
Jack: You may have to work for many years before becoming the president of a company.

トム： ぼく、大学へ行って、それから会社の社長になるんだ。
ジャック：そううまくはいかないよ。
トム： どういうことだい？
ジャック：社長になるには、その前に長い間働かなくちゃならないかもしれないってことさ。

Other Expressions

・That's not the way it works.　そうは問屋がおろさない。

ぜったいに無理だよ。
That'll be the day!

(Serious) 使い方アドバイス

That will be the day はもともと「待つだけの値打ちはある」という意味です。それが反語的に使われると皮肉がこめられて,「そんなことは,ありそうにない」となります。「ぜったいに無理だよ」と相手の無謀を嘲笑気味に否定するのに適した表現です。単に「無理だ」と言いたいときには That's impossible. を使います。

Tom : I'm planning to lose some weight.
Anna : Good. How are you going to do it?
Tom : I'm only going to eat vegetables.
Anna : That'll be the day.

トム： 減量しようと思っているんだ。
アンナ：いいわね。どうやってやせるつもり？
トム： 野菜しか食べないんだ。
アンナ：ぜったいに無理よ。

Other Expressions

・I'll believe it when I see it.
　　そんなこと,できるわけないじゃない。

聞かないほうがいいよ。
You don't want to know.

Serious
使い方アドバイス

相手にとってあまり良くないニュースを伝えるときに，前置きするように言う表現です。

Tom :　　Where is Susan? Have you seen her today?
Jack :　　You don't want to know.
Tom :　　Why? Tell me.
Jack :　　She is on a date with Joe.

トム：　　　スーザンはどこにいるか，知らない？　きょう，彼女と会ったかい？
ジャック：聞かないほうがいいよ。
トム：　　　なぜ？　教えて。
ジャック：彼女，今日はジョーとデートなんだよ。

Other Expressions

・You're better off not knowing.　　知らないほうがいいよ。

34

誰も興味がないでしょうね。
As if anyone cares.

(Serious) 使い方アドバイス

あまりにもつまらないことを評して言う表現です。

Mary: Is there going to be a meeting next week?
Anna: Yes, we need to talk about the budget.
Mary: As if anyone cares.

メアリ：来週，会議はあるんでしょう？
アンナ：ええ，予算について話しあわなければならないのよ。
メアリ：誰も興味がないでしょうね。

Other Expressions

・As if it makes any difference.　ほんのかたちだけさ。
・As if anyone gives a hoot.　誰も興味なんか持ちゃしないよ。

関係ないでしょ，私には。
Why should I care?

Serious
使い方アドバイス

> あることに関してこちらが気にしているのではないかと，疑うような，さぐるような態度をみせる相手に反発して，「わたしには関係ないでしょ」と，つっかかるように言う表現です。

Mary : Did you hear about Fred, your old boyfriend?
Anna : No.
Mary : He's getting married.
Anna : Why should I care?

メアリ：フレッドのこと，聞いた？　あなたの昔の彼のこと。
アンナ：いいえ。
メアリ：彼，結婚するんだって。
アンナ：関係ないでしょ，私には。

Other Expressions

・So?　それで…
・What's it to me?　私には関係ないわ。

36 簡単に言うけどね。
That's easy for you to say.

Serious
使い方アドバイス

「人ごとだと思って」「気楽に言うね」というニュアンスを含んでいます。日本語だと少しきびしい言い方に聞こえますが，それほど責めているわけではありません。

Tom : I hate my new job.
Anna : Why don't you just quit if you don't like it?
Tom : That's easy for you to say. You don't have any loans to pay back.

トム： 新しい仕事がきらいなんだよ。
アンナ：きらいなら辞めちゃえば？
トム： 君は簡単に言うけど。君には返さなければならないローンがないものね。

Other Expressions

- Easy said. (Easier said than done.)　言うのはやさしいよ。
- I wish it were that easy.　そんなに簡単だったらいいけど。
- If only it were that easy.　そんなに簡単だったらなあ。

37 信じないかもしれないけど。
Believe it or not ...

Serious
使い方アドバイス

疑っている相手に，これは本当だ，と伝えるときの表現です。

Jack : What was your grade in math this quarter? Did you flunk again?
Tom : Believe it or not, I got the highest grade in the class.

ジャック：今学期の数学の成績，どうだった？　また落第だった？
トム：　　信じないかもしれないけど，クラスでトップだったよ。

Other Expressions

・You may find this hard to believe, but ...
　嘘だと思うかもしれないけど…
・It may surprise you to know ...
　びっくりするかもしれないけど…

困ったな，どうしよう。
That's just great.

使い方アドバイス

「すばらしい」「すてき」という賞賛を意味する great は，困惑の気持ちを表すことがあります。この会話は，自分に都合の悪いことがおこっているときの一例です。相手が That's great. と言ったときには，「すてきだ」なのか「こまった」なのかを，前後関係や声の調子やイントネーションで察します。

Jack: Look! It's snowing.
Anna: Oh, that's just great.
Jack: What's the matter?
Anna: I've never driven in the snow before.

ジャック：おい，雪だ。
アンナ： 困ったわ，どうしよう。
ジャック：どうして？
アンナ： 雪の中を，運転したことないのよ。

Other Expressions

- Great.　まあ，いやだ！
- Well, that's just terrific.　いやんなっちゃう。
- Well, that's just wonderful.　がっかりだな。
- Oh, just what I needed.　たまらないよ。

39 私よりましよ。
You think you have problems.

使い方アドバイス (Sad)

つまらないことで文句を言っている人に向かって言う表現です。続けて自分の抱えている問題を述べて，相手の考えの甘さを突きます。

Jack : I had the worst day today.
Anna : Why? What happened?
Jack : I missed the bus and had to walk home.
Anna : You think you have problems. My car broke down and now I'll probably have to buy a new one.

ジャック：今日は最低の日だった。
アンナ： どうして？ なにがあったの？
ジャック：バスに乗り遅れて，歩いて帰るはめになったんだ。
アンナ： 私よりましよ。私なんて，車が壊れちゃってね。それで，新しい車，買わなくちゃならないかもしれないんだから。

Other Expressions

・You think you have it tough.
　　自分の方がつらいと思っているでしょう。
・You're not the only one (with problems).
　　あなただけじゃないのよ。

40 そんなにせかさないで。
Give me a chance.

使い方アドバイス　休むひまもなく，つぎからつぎへとせきたてられるとき，「ちょっと一息つかせて」という気持ちで言う表現です。

Mother : Have you finished your homework?
Daughter : No, not yet.
Mother : You better hurry.
Daughter : Give me a chance. I just got home.

母：宿題，やった？
娘：ううん，まだ。
母：はやくしなさい。
娘：そんなにせかさないで。いま帰ったばかりじゃないの。

Other Expressions

・Lay off, will you?　ほっといてくれない？

41

どうせ，私は…されていないんだ。
I should have known …

使い方アドバイス (Sad)

「どうせ，私は…だ」というすねた気持ちの表現です。ここで …you don't と現在時制が使われているのは，時のわくを超えて，いつも…だ，と表現するためです。

Father: What did you do to my camera?
Son: I didn't do anything to it.
Father: Yes, you did. The lens cover is broken.
Son: I didn't do it. Mom stepped on it.
Father: Sorry for blaming you.
Son: I should have known you don't trust me.

父： お父さんのカメラ，壊しただろう？
息子：さわってもいないよ。
父： おまえだよ。レンズカバーが壊れているんだ。
息子：ぼくじゃない。お母さんが踏んづけたんだよ。
父： 悪かったね，お前を責めて。
息子：どうせ，ぼくは信用されていないんだから。

Other Expressions

・So you don't trust me after all.
　　やっぱりぼくは信頼されていないんだ。
・You never trust me.　ぼくのことなんか信じちゃいない。

42 やっぱりね。
That figures.

相手の意見や考えに、もっともなことだ、ありそうなことだとあいづちを打つときに使う表現です。

Tom: Where's Linda? She was supposed to be here 30 minutes ago.
Anna: She just called and said she'd be an hour late.
Tom: That figures. She's always late.

トム: リンダはどこにいるんだい？ 30分前にここに来ているはずなのに。
アンナ: いま電話があったわ。1時間遅れるんですって。
トム: やっぱりね。いつものことさ。

Other Expressions

・I knew it. そうだと思ったよ。

43 …もうおしまいね。
So much for …

Sad 使い方アドバイス

> ある事柄がこれ以上存続しないとわかったときに，あきらめの気持ちをこめて，残念そうに言う表現です。

Anna : Is Karen planning to play basketball this year?
Mary : I don't think so. She says she's going to be too busy.
Anna : Well, so much for having a team. We don't have enough players.

アンナ：カレンは，ことし，バスケットをするつもりかしら？
メアリ：しないと思うわ。いそがしくてひまがないって言っているから。
アンナ：そう。これでチームもおしまいね。だって選手が足りないもの。

Other Expressions

・There goes (our basketball team).　これでおしまいだね。
・Say goodbye to (our basketball team).　いよいよ終わりだね。

やるんじゃないかと思ってたんだ。
I was afraid this would happen.

使い方アドバイス

例えばあらっぽい運転をする友人を見ていて、事故をおこさなければいいと思っていたら、おこしてしまったとき、このように言います。人にでも物にでも使います。I was afraid.... は残念に思い、または心配し、あるいは自信がないことなどを述べるときの前に置く表現です。

Jack :　Where's Joe?
Mary :　He's in the hospital.
Jack :　What happened?
Mary :　He was speeding and crashed his car into a telephone pole.
Jack :　I was afraid this would happen.

ジャック：ジョーは？
メアリ：　入院しているわ。
ジャック：どうしたの？
メアリ：　車のスピードを出しすぎて、電柱にぶつけたのよ。
ジャック：やるんじゃないかと思ってたんだ。

Other Expressions

・I knew this was coming.　勘が当たったね。
・I could see this coming.　そうじゃないかと思った。

45 無駄だね。
Don't even bother.

使い方アドバイス　相手がやろうとしていることをやめさせようとする場合の表現です。

Anna : Look at this office. It's a mess. While Joe's on vacation, maybe I should clean it up for him.

Tom : Don't even bother. He'll just mess it up again when he gets back.

アンナ：この事務所，見てよ。乱雑でしょ。ジョーが休んでいる間にかたづけておこうかしら。
トム：　無駄だね。すぐにまた，汚なくなるさ。

Other Expressions

・It's a lost cause.　やるだけ損だよ。
・What's the use?　そんなことして，なんになるんだ。

46 ちょっと聞いてみただけじゃない。
All I said (asked) was …

使い方アドバイス (Sad)

ちょっと聞いただけなのに相手が怒ったので、こちらもかっとして強く切り返すときの言い方です。最後に That's all. をつけると、怒っているようすが強く伝わります。

Anna : I'm looking for my math book. Do you know where it is?
Tom : No, I don't. Why? Do you think I stole it?
Anna : No, all I asked was if you knew where it was.
Tom : Well, I don't.

アンナ：私の数学の本、捜してるのよ。あなた、知らない？
トム： 知らないよ。ぼくが盗んだとでも思ってるの？
アンナ：知ってるかと思って、ちょっと聞いてみただけじゃない！
トム： そうかい。知らないよ。

Other Expressions

・I was just asking if …　聞いただけでしょう。
・Don't have a heart attack. I was just asking if you know …　そんなにかっかしないで、ちょっと聞いだだけなんだから。

47 …しようとしただけなのに。
I was only (just) trying to …

使い方アドバイス (Sad)

自分の行動や態度を責められて、言い訳をするときの言い方です。言い訳をしながらも「悪気はなかったのに」と、責められることへの不満をのぞかせる表現です。

Mother : Could you get me the juice from the refrigerator? Be careful.
Daughter : Sure.
(Daughter spills the juice)
Mother : Look what you did!
Daughter : I was only trying to help.

母：冷蔵庫からジュース、持ってきてくれる？　気をつけてね。
娘：はい。
（娘がジュースをこぼす）
母：ほら、ごらんなさい！
娘：ついであげようとしただけなのに。

Other Expressions

・All I wanted to do was help.
　　ただ助けてあげようと思っただけよ。
・See if I ever try helping again.　二度としてあげないから。
・I was just trying to help.　手伝おうとしただけなのに。

かんべんしてよ。
For crying out loud.

使い方アドバイス (Sad)

相手の言動におどろき，いらだち，不満を感じたとき，頼むからそういうことはやめて，という気持ちをこめて使う表現です。

Tom : Anna, I'm sorry to call you so late, but I'm filling out a crossword puzzle. Do you know what the capital of North Dakota is?

Anna : For crying out loud! It's three o'clock in the morning.

トム：アンナ，こんなにおそく電話して，ごめんなさい。じつはいまクロスワード・パズルやってるんだけど。ノース・ダコタの州都，どこだか知ってる？

アンナ：かんべんしてよ。夜中の3時よ。

Other Expressions

・For heaven's (God's) sake.　お願いだから。

49 もうたくさんだ。
That's all I need.

Sad 使い方アドバイス

いやなことが続くとき、もうこれ以上は堪えられないという気持ちを表現します。

Tom: This has been a terrible day for me. I missed the bus and my car broke down.
Jack: I'm afraid I have some more bad news. The boss just called, and he wants to talk to you immediately.
Tom: That's all I need.

トム： きょうは、ほんとうにひどい日だった。バスに乗りおくれ、おまけに車が壊れてしまった。
ジャック：悪いけど、また悪いしらせなんだ。いまボスから電話があって、君に話があるから、すぐに来るようにって。
トム： もうたくさんだ。

Other Expressions

・That's just what I needed.　もううんざり。

言い訳はなしよ。
No buts about it.

Angry
使い方アドバイス

「でも」とか「だって」を繰り返す相手に「いいわけは，なしにしなさい」と，反省をうながし，いい加減な相手の態度に釘をさす表現です。

Mary: Where is that dress I lent you last week?
Sarah: I'm afraid it got stained.
Mary: Oh no. I wanted to wear it today.
Sarah: I'm sorry, but …
Mary: No buts about it. I want you to buy me a new one right now.

メアリ：先週貸してあげたあの洋服，どこにある？
サラ：　しみがついてしまったのよ。
メアリ：そんな。今日着たいと思ったのに。
サラ：　ごめんなさい，でも…。
メアリ：言い訳はなしよ。新しいのをすぐ買ってちょうだい。

Other Expressions

・No excuses.　なんと言ってもだめよ。
・Don't give me your excuses.　言い訳は通用しないわ。
・I don't want to hear any of your excuses.
　　言い訳なんか聞きたくないよ。

51 それはないんじゃない。
Don't give me that.

使い方アドバイス (Angry)

聞きたくないことを言われて、ややむっとして言い返す表現です。「そんなこと言われても迷惑だ」という気持ちがこもります。

Mary: It's your turn to wash the dishes tonight.
Tom: No, I can't tonight. I have too much to do.
Mary: Don't give me that. If you don't wash the dishes, who will?

メアリ：今晩の食事のあと片づけはあなたの番よ。
トム：　今日は無理だよ。ほかにやらなきゃならないことがいっぱいあるんだ。
メアリ：それはないんじゃない。あなたがしてくれないなら、誰がするの？

Other Expressions

・I don't want to hear it.　聞きたくないよ。

おことわりよ。
Nothing doing.

依頼や申し出をことわるときの言い方です。相手に食いさがる余地を与えない，きっぱりとした拒絶を表現します。

Anna : Are you going downtown?
Jack : Yeah. Why?
Anna : I was wondering if you could pick up my dog from the groomers.
Jack : Nothing doing. He'll scratch the seats in my car.

アンナ： 町へ行くの？
ジャック：ああ。なんだい？
アンナ： 犬の美容室から私の犬を連れて帰ってきてくださらないかしら。
ジャック：おことわりだよ。あいつ，車のシート，ひっかくんだよ。

Other Expressions

・No way.　いやだよ。
・Not on your life.　ぜったい，だめ。

聞こえたでしょ。
You heard me.

> 反発する相手に対し，念を押して命令するときに使います。目下の者に対して使う表現です。

Mother : I want you to mow the lawn before you go swimming.
Son : What?
Mother : You heard me.

母： 泳ぎにいく前に，芝生を刈ってもらいたいんだけど。
息子：ええっ？
母： 聞こえたでしょ。

Other Expressions

・Are your ears painted on?　あんたはバカだね。
・Are you hard of hearing?　耳が遠いの？

だから，言ったじゃないの。
Don't say I didn't tell you.

Angry
使い方アドバイス

相手が自分の忠告にしたがわなかったことをなじる表現です。

Anna: I can't find my purse. What am I going to do?
Mother: I don't know. I told you not to set it down.
Anna: This is terrible.
Mother: Don't say I didn't tell you.

アンナ：あたしの財布がないの。どうしよう。
母： こまったひと。手に持っていなさいって言ったのに。
アンナ：ああ，最低だわ。
母： だから，言ったじゃないの。

Other Expressions

・I told you so.　そう言ったのに。
・I warned you.　言ったはずだよ。

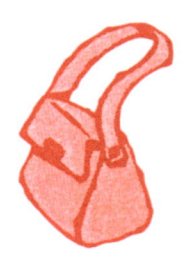

分かったでしょ。
See what I mean?

(Angry)
使い方アドバイス

自分が注意したにもかかわらず，相手が失敗したときに，なじるように言う表現です。

Mary : You need to save the information every few minutes. If you don't, you'll lose everything if your computer crashes.

Anna : You worry too much. (Later) Oh, no. Everything is gone.

Mary : See what I mean?

メアリ：2，3分ごとにデータを保存しとかなくてはだめよ。そうしないと，コンピューターがクラッシュしたら，全部消えてしまうわ。

アンナ：それは，心配のし過ぎよ。（しばらくして）あら，どうしよう。みんな消えちゃった。

メアリ：分かったでしょ。

Other Expressions

- I told you.　言ったでしょう。
- Next time you'll listen to me.　こんどこそ聞くでしょう。
- Don't you wish you had listened to me?
  　聞けばよかったと思わない？

なに言ってるの？
What do you mean you're not … ?

Angry
使い方アドバイス

相手の言ったことが納得できなかったり，理解できないときに問いただすための表現です。

Jack : Hurry and get your coat. We have to be at Bob's before six.
Mary : I'm not going.
Jack : What do you mean you're not going?
Mary : You know I can't stand Bob.
Jack : It's too late now. He's expecting us.

ジャック：ほら，急いでコートを着て。6時までにボブのところへ行かなくちゃならないんだよ。
メアリ： 私，行かないわ。
ジャック：いったい，なに言ってるの？
メアリ： 私がボブを嫌いなこと知ってるでしょ。
ジャック：今になって，そんなこと言ったって，だめだよ。ボブはぼくたちが行くのを楽しみにしているんだから。

Other Expressions

・Did I hear you say you're not going?　なんだって？

どういうこと？
And why not?

Angry
使い方アドバイス

Why not? は「なぜいけないんだ？ いいじゃないか」、という意味です。これを And を最初につけて And why not? とすると、まったく意味が変わります。なぜ宿題がしたくないのか、きちんと説明しないうちは許さない、という怒りをこめた言い方になります。

Mother : I told you to do your homework.
Son :　　I don't want to.
Mother : And why not?

母：　宿題しなさいって言ったじゃないの？
息子：したくない。
母：　どういうこと？

Other Expressions

・I hope you have a good explanation.
　　それじゃ理由にならないわよ。

58

しつこいわね。
Don't ... me!

Angry

使い方アドバイス

動詞でも名詞でも品詞にかまわず相手が繰りかえし使う語を … に置いたこの命令文は，「何度もしつこく同じことを言わないで」という意味になります。

Mary: I'm sorry. I can't take care of your dog.
Jack: Please. I don't know what else to do.
Mary: I said no.
Jack: Please, Mary. I really need you to help me out. Please.
Mary: Don't "please" me.

メアリ： ごめんなさい。あなたの犬のめんどう，見られないわ。
ジャック：頼むよ。ほかにどうしょうもないんだ。
メアリ： だめだって言ってるでしょ。
ジャック：お願いだよ，メアリ。ほんとに手を貸してもらいたいんだ。お願い。
メアリ： 「お願い，お願い」ってしつこいわね。

Other Expressions

・Saying "please" is not going to get you anywhere.
　お願い，と言ってもむだよ。
・You can say "please" until you're blue in the face and it still won't matter.　いくら頼んでもだめよ。

59 ちょっと待って。
Hold on here.

(Angry)
使い方アドバイス

相手の話に待ったをかけるときに使う表現です。

Tom: I have to go out of town on business next week.
Anna: Hold on here. You promised me that we would work on next year's budget.
Tom: Oh, yeah. I forgot.

トム： 来週，出張するんだ。
アンナ：ちょっと待って。いっしょに来年度の予算を組むって約束したでしょう。
トム： ああ，そうだった。忘れていたよ。

Other Expressions

・Just a moment here.　ちょっと。
・Hold it right there.　やめなさい。

60 ちやほやされてよろこぶと思っているのかい。
Don't patronize me.

使い方アドバイス (Angry)

相手がある意図をもって，自分をほめたり，持ち上げたりするときに，それをぴしゃりと撃退する強烈な一言です。

Tom : I really have a lot of respect for you, Mary. You're an exemplary employee.
Mary : Don't patronize me. What do you want?
Tom : I was hoping you could help me organize these file cabinets.

トム ： ぼく，本当に君のこと，尊敬しているんだよ，メアリ。君は社員のかがみだよ。
メアリ：私がちやほやされてよろこぶと思っているの。いったい，なによ？
トム ： この引き出しの書類の整理，手つだってほしいんだけど。

Other Expressions

・Stop brown nosing.　おべっか使うなよ。
・Get off it.　いい加減にしなさい。
・Can the crap.　うるせえ。

61 ふざけないでよ。
Very funny.

Angry
使い方アドバイス

相手の行き過ぎた冗談に腹をたてたときに使う表現です。

Mary : Where is my car?
Tom : I'm afraid it got stolen.
Mary : Oh no ! What am I going to do now?
Tom : I was just joking.
Mary : Very funny.

メアリ：わたしの車は？
トム： 盗まれたんじゃないか。
メアリ：まさか！　ああ，どうしよう。
トム： 冗談だよ。
メアリ：ふざけないでよ。

Other Expressions

・Some joke.　つまらない。
・I'm glad you think it was funny.　そんなにおかしい？
・You think that was funny, huh?　どこがおかしい？

冗談でしょ。
Be serious.

使い方アドバイス

相手が非現実的なことを言ったときに返す言葉です。「冗談はやめて」「ばかなこと言わないで」という気持ちが相手に伝わります。冗談を意味する joke を含む表現に No joking. があります。これは「あたりまえだよ」という意味ですから，混同しないように。

Husband : This apartment is getting small. Why don't we buy a house?
Wife : Be serious. Where are we going to get the money?

夫：このアパート，せまくなってきたね。家，買おうよ。
妻：冗談でしょ。どこにそんなお金があるの？

Other Expressions

- Oh, sure.　バカじゃない。
- Oh, yeah.　あきれた。

63 言ったでしょ。
I mean it.

Angry

使い方アドバイス

自分の意見や命令に相手が従わないのに腹をたてて、再度念を押すときに使う表現です。

Mother: Please take your feet off the table. Now!
Son: Oh, mom.
Mother: I mean it. Right now!

母親：テーブルから足をおろしなさい，すぐに！
息子：だって，ママ。
母親：言ったでしょ。すぐによ！

Other Expressions

・I'm serious.　怒っているのよ。
・I'm not joking.　本気だからね。

現実的になれよ。
Get real.

(Angry)
使い方アドバイス

夢みたいなことを言っている相手に，現実を見つめるように忠告するときに使う表現です。

Tom : I'm planning to fix up my car and sell it. I'm sure I can get at least $5000 for it.

Jack : Get real. No one would be dumb enough to pay $1000 for it.

トム： ぼくの車，修理して売ろうと思うんだ。少なくとも5000ドルは手にはいるよ，ぜったいに。

ジャック：現実的になれよ。そんな車に1000ドルだって出すバカ，いないよ。

Other Expressions

・Get serious. そんなバカな。

笑わせるなよ。
Don't make me laugh.

使い方アドバイス（Angry）

相手ができもしないことを言うとき、それを信じるわけにはいかない、という意をこめて使う表現です。

Tom : Where are you going to spend your summer vacation?
Anna : I was thinking about touring Europe.
Tom : Don't make me laugh. Where are you going to get the money?

トム： 夏休みはどこで過ごすつもり？
アンナ：ヨーロッパを旅行しようと思うの。
トム： 笑わせるなよ。そんなお金，どこにあるんだい？

Other Expressions

・Is that a joke?　それ，本気？

あたりまえじゃない。
Don't act so surprised.

Angry
使い方アドバイス

あたりまえのことに驚く相手をなじるときの表現です。

Jack : Do you know where my glasses are?
Anna : Yes. The kids found them and broke them.
Jack : They broke them!
Anna : You left them where the children could get them. Don't act so surprised.

ジャック：ぼくのめがね，どこにあるか知ってる？
アンナ：　ええ，子供たちが見つけて，壊しちゃったわよ。
ジャック：壊しちゃった！
アンナ：　子供たちの手のとどくところに置いておくんですもの。あたりまえじゃない。

Other Expressions

・As if you didn't know.　しらばっくれて。

67 ひとをバカにして。
You must really think I'm …

Angry

使い方アドバイス

「ひとをバカにして，まったく冗談じゃない」と，非常に腹をたてているようすのうかがえる表現です。

Jack: I'd like to buy your old TV.
Tom: Sure. How about $50?
Jack: Why don't you give me the TV set and then I'll give you the money next month?
Tom: You must really think I'm stupid. You already owe me $100.

ジャック：君の古いテレビ，売ってくれない？
トム：　　いいよ，50ドルでどうだい？
ジャック：お金は来月わたすから，さきにテレビをもらえないかな。
トム：　　ひとをバカにして，すでに100ドル借りといて，なにを言うんだ。

Other Expressions

・What do you take me for, a fool?
　私のこと，バカだとでも思っているの？
・What kind of a fool do you take me for?
　私のこと，どんなバカだと思っているの？

68 私はそんなバカじゃない。
I wasn't born yesterday.

Angry
使い方アドバイス

わたしは昨日今日生まれたわけじゃないし、そう簡単にはだまされない、という意味で、簡単にだまされるほどのバカじゃない、という気持ちを含みます。

Jack: Let me have the car today, and I'll pay you for it next week.
Anna: I wasn't born yesterday. You'll get the car when I have the money in my hand.

ジャック：車は今日，持って帰っていいでしょ。支払いは来週ってことで。
アンナ： 私はそんなバカじゃないわ。お金と引きかえよ。

Other Expressions

・I'm not as stupid as I look.　バカにするなよ。
・How stupid do you think I am?　私，そんなバカだと思う？

よくも…してくれたわね。
You sure know how to …

Angry
使い方アドバイス

直訳すれば「たしかに…の仕方を知っている」となります。期待がはずれてがっかりしたときに「よくも…してくれたわね」とうらみがましく言うと，効果的です。

Mary : Look, I got our tickets for Hawaii.
Anna : I'm sorry, but I can't go with you.
Mary : Can't go? We've been planning for months.
Anna : I know, but Steve asked me to go hiking.
Mary : You sure know how to ruin a vacation.

メアリ：ほら，ハワイ旅行のチケット買ってきたわ。
アンナ：ごめんなさい，私，いっしょに行けないの。
メアリ：行けないですって？ 何か月も前から計画していたのに。
アンナ：分かっているわ，でもスティーブがハイキングに行こうって言うのよ。
メアリ：よくも休暇をだいなしにしてくれたわね。

Other Expressions

・Thank you so much for ruining my vacation.
　私の休暇をめちゃめちゃにしちゃって。
・Thanks for nothing. ひどいわね。

言えばいいのに。
Are you trying to tell me that … ?

(Angry)
使い方アドバイス

相手の遠まわしな言い方が気にいらず，率直な意見が聞きたいときに使う言い方です。

Tom : Isn't that a new sweater?
Mary : Yes. Do you like it?
Tom : Well …
Mary : Are you trying to tell me that you think it's ugly?

トム： 新しいセーターだね？
メアリ：ええ。どう？
トム： そうだな…
メアリ：かっこう悪いって言いたいなら，言えばいいのに。

Other Expressions

・I can take a hint. You think it's (ugly), don't you?
　　分かるよ。どうせ…ですよ。

71 私に盗めとでも言うの？
What do you want me to do...steal it?

Angry

使い方アドバイス　できないことを頼まれたとき，それを断わる言い方です。

Anna: Tom, look at this dress. It's beautiful.
Tom: It may be beautiful, but look at the price.
Anna: It's only $400.
Tom: What do you want me to do…steal it?

アンナ：トム，このドレス，見て。きれいでしょう。
トム：　きれいだけれど，値段を見てごらん。
アンナ：たった400ドルよ。
トム：　どうしろって言うの？　ぼくに盗めとでも？

Other Expressions

・What are you asking?　どうしろって言うの？

そんなこと，あるわけないさ。
Wanna bet?

Angry
使い方アドバイス

> bet は「賭ける」という意味で，wanna は want to のくだけた発音をあらわす綴りです。「あなたの言っていることなど起きるはずがない，だから賭けてもわたしの勝ち」という気持ちを表現します。本当に賭けようとするときは，Let's bet と言います。

Anna： I have to finish this job by 5:00. Can you help me?
Mary： No. I have my own work to do.
Anna： If you don't help me with this job, the boss is going to yell at you.
Mary： Wanna bet?

アンナ：この仕事，5時までにすませなきゃならないの。手伝ってくださる？
メアリ：だめ。私もやらなきゃならない仕事があるんだから。
アンナ：手伝ってくれないと，ボスにどなられても知らないから。
メアリ：そんなこと，ないって。

Other Expressions

・Fat chance.　まさか。

73 悪いけど，私は
With all due respect, I happen to...

Angry
使い方アドバイス

> この場合の happen には「偶然に」の意味はなく，相手を牽制して「あいにくだけど」というニュアンスを出すのに用いられています。すなわち「あなたはそう思っているけれども，私はそうは思わない」という意味が含まれます。

Mary : I can't stand Jack. Don't ever trust him.
Anna : Jack?
Mary : Yes. He's a big liar.
Anna : With all due respect, Mary, I happen to think that Jack is a good person.

メアリ：私，ジャックをがまんできない。彼を信頼しちゃだめよ。
アンナ：ジャックを？
メアリ：そう。彼は大うそつきよ。
アンナ：悪いけど，私はジャックはいい人だと思うわ。

Other Expressions

・It's my humble opinion that …
　　私のつまらない意見を言えば。

74 あっ，そう。
Big deal.

使い方アドバイス (Angry)

たいそう興奮している人に向かって「たいしたことじゃない」「おおげさだ」「いいじゃないか」と冷たく言う表現です。こう言われると，相手はますますかっかして，ふたりのあいだは険悪になっていきます。

Father : I told you to wash the car after you used it. Now I have to go to work in a dirty car.
Son : Big deal.
Father : Big deal, huh? You're never going to use my car again.

父： 車を使ったら，洗っておくように言っただろう？ 汚い車で仕事にいかなきゃならないじゃないか。
息子：あっ，そう。
父： なんだ，その態度は。お前にはもう二度と車を使わせない。

Other Expressions

・So what?　それがどうしたと言うんだ。
・Who cares?　関係ないよ。
・What's the big deal?　なんなんだ，これは？
・That's tough.　がまんしろよ。

75 だったらもう…
As far as I'm concerned ...

使い方アドバイス (Angry)

as far as I'm concerned は，「私に関するかぎり」「私はといえば」という意味です。相手の態度にがまんがならない時にこの言い方を使うと，「だったら，もう…」と怒って突きはなす感じが表現されます。

Anna: We were planning to go to the zoo today.
Tom: I don't care what you say, I'm going golfing. I'll be back in two or three hours.
Anna: As far as I'm concerned, you don't have to ever come back.

アンナ：今日，動物園に行く予定だったでしょ。
トム：　君がどう言おうと，ぼくは今日，ゴルフに行くからね。2時間か3時間で帰ってくるよ。
アンナ：だったらもう，帰ってこなくていいわ。

Other Expressions

・Don't even bother to come back.
　　いいよ，帰って来なくて。
・You might as well not come back at all.
　　もう帰って来なくていい。

分かった，分かった，分かった。
All right, all right, all right.

使い方アドバイス (Angry): 相手がうるさく命令したり，注文つけたりするのにうんざりしたときの受け答えです。

Jack : Let's go. The taxi is waiting.
Anna : Just a minute.
Jack : Hurry up! We're going to be late.
Anna : All right, all right, all right. I'm coming.

ジャック：行こうよ，タクシーが待ってるよ。
アンナ： ちょっと待って。
ジャック：急ぎなさい。遅れそうだよ。
アンナ： 分かった，分かった，分かった。すぐ，行くわ。

Other Expressions

・I got you.　分かったよ。
・I can hear you.　うるさいね。
・I have ears.　聞いてるってば。

とんでもないこと考えてないでしょうね。
I hope you're not getting any big ideas.

Angry
使い方アドバイス

> この場合の big は反語的に使われて,「すぐれた」「すごい」の意味は消えて「ひどい」「バカバカしい」の意味になります。このような big には,マイナスのイメージを強調する効果があります。

Tom : Look at that car. It sure is beautiful.
Mary : But look at the price.
Tom : It's not so expensive.
Mary : I hope you're not getting any big ideas.

トム : あの車,見て。かっこいいね。
メアリ：でも,値段見てよ。
トム : そんなに高くないな。
メアリ：ちょっと,とんでもないこと考えてるんじゃないでしょうね。

Other Expressions

・You can just forget about it.　忘れてしまいなさい。

78 ぜったいに…だめよ。
Don't you dare …

使い方アドバイス (Angry)

dare は「危険を承知で，大胆にも…する」という意味です。Don't you dare … は「ぜったいに…してはいけない」という強い禁止の表現です。

Mary : That's a beautiful necklace. Can I wear it tonight?
Anna : Don't you dare touch it. It's a family heirloom. I don't even wear it.

メアリ：すてきなネックレスね。今晩，貸してくださる？
アンナ：ぜったいにさわらないでよ。わが家の家宝なんだから。わたしだって身に着けたことないのよ。

Other Expressions

・Don't even think about it.　そんな，とんでもない。

79 できるものならやってみれば。
Just try it.

使い方アドバイス (Angry)

これは「試してみれば」「やってみれば」というおだやかな物言いではありません。just がいらだちを伝えます。「やったら，ただではおかないから」と，相手が絶対にしないと知りながら，おどかすときに使います。

Tom : Turn down your stereo. I'm trying to study.
Jack : No, I like it loud.
Tom : If you don't turn it down, I'm going to break it.
Jack : Just try it.

トム： ステレオのボリューム落としてくれない？ 勉強してるんだ。
ジャック：いやだね。大きいほうがいいんだ。
トム： ボリューム落とさないんなら，ステレオを壊すぞ。
ジャック：できるものならやってみろよ。

Other Expressions

・I dare you. そんなことしたら，ただじゃおかない。

80 わたしが生きているうちは，だめ。
Over my dead body.

使い方アドバイス (Angry)

何が何でもそれをさせない，許さないという強い意志の表明に使います。

Anna : Mom, I've decided to quit school and get a job at a restaurant.
Mother : Over my dead body. You're going to finish school.

アンナ：お母さん，私，学校をやめてレストランで働くことにしたの。
母　：　私が生きている間はだめよ。学校は卒業しなさい。

Other Expressions

・That's what you think.　何がなんでもだめ。
・You think so, huh?　絶対に許しませんからね。

81 だから言ったでしょ。
See, I told you.

Angry
使い方アドバイス

自分の言うことに従わなかったために困難に直面している相手に，冷たく突きはなすように言うときの表現です。

Jack: Oh no. It's going to rain today. I just finished painting the house yesterday.
Mary: See, I told you.
Jack: We have to repaint the entire house.
Mary: Don't you wish you had listened to me?

ジャック：ああ，これじゃ今日は雨だな。きのう，家のペンキ塗ったばかりなのに。
メアリ：だから言ったでしょ。
ジャック：塗り直しをしなくちゃならないね。
メアリ：私の言うこと，聞いとけばよかったって思うでしょ。

Other Expressions

・Didn't I tell you?　ほら，言ったじゃない。
・That's what you get for not listening to me.
　私の言うこと，聞かないから悪いのよ。
・You should have listened to me.
　言うこと，聞けばよかったのに。

82

勝手にすれば。
Have it your own way.

Angry
使い方アドバイス

相手が自分の意見を聞きいれないときに，それでは自分の思うとおりにしなさい，という意を伝える表現です。

Tom : You're not planning to buy that car, are you? It's a waste of money.
Mary : Yes, I am. My friend says it's a great car.
Tom : Okay, have it your own way.

トム： あの車，買うつもりないだろう？ あんな車買うのは，お金の無駄だよ。
メアリ：私は買うわ。友だちがいい車だって言うから。
トム： それじゃ，勝手にすれば。

Other Expressions

・Don't say I didn't tell you.
　　私が言わなかったなんて言わないで。

83 知らないわよ。
If you say so.

(Angry)
使い方アドバイス

相手の言うことを疑いながら、仕方なしに受け入れるときに使う表現です。

Anna : Don't do that. You're supposed to push the orange button.
Mary : But the manual says to push the green button.
Anna : You can't trust the manual.
Mary : If you say so.

アンナ：そうじゃないわ。オレンジ色のボタンを押すのよ。
メアリ：でも手引書にはみどりのボタンを押せって書いてあるわよ。
アンナ：手引書なんかあてになるもんですか。
メアリ：知らないわよ。

Other Expressions

・Whatever you say.　分かった，分かった。
・If you insist.　そんなに言うんなら。

84 遅いじゃないか。
It's about time.

Angry
使い方アドバイス

直訳すると「もう…してもいいころだ」となります。この場合は遅れた人や事柄に対する批判的な気持ちをこめて，「遅いよ」と言っています。

Mary: Everyone is here except for Jack. He's 20 minutes late.
Jack: Hi, everyone.
Mary: Well, it's about time.
Jack: Sorry. I got an important telephone call just as I was leaving the office.

メアリ：ジャックのほかは，みんないるわね。ジャックは20分の遅刻だわ。
ジャック：やあ，みんな。
メアリ：ちょっと，遅いじゃないの。
ジャック：ごめん。家を出ようとしたときに大事な電話がかかってきたもんだから。

Other Expressions

・What took you (so long)?　なにやってたの？
・Nice of you to show up.　今ごろ，なにさ。
・Finally.　遅いわね。

85 またはじまった。
There you go again.

Angry

使い方アドバイス

相手が文句などをしつこく繰り返すとき、「うんざりだ」という気持ちをこめて使う表現です。

Tom : What are we having for dinner?
Mother : Spaghetti.
Tom : Spaghetti? We've had spaghetti three times this week.
Mother : There you go again—always complaining.

トム：夕食はなに？
母： スパゲッティよ。
トム：スパゲッティ？ 今週もう3回も食べたよ。
母： またはじまった。いつも文句ばっかり言うのね。

Other Expressions

・You're doing it again.　ほら，また。
・Do I have to listen to this again?
　　また聞かなきゃならないの？
・I am getting sick and tired of this.　もう，うんざり。

余計なことをして，まったく。
What did you do that for?

Angry

使い方アドバイス

やらないほうがよかったと思うことを相手がやったとき，「よく，してくれたね」「めいわくだ」と怒るときの表現です。また，いじめられたときに開きなおるきっかけにも使います。

Anna : Where were you last night? I called you at home but your mother said she didn't know where you were.
Mary : What did you do that for?
Anna : Why?
Mary : I told my mother I was with you!

アンナ：ゆうべはどこにいたの？　あなたのうちに電話したらお母さんは，あなたがどこにいるか分からないって言ってたわよ。
メアリ：余計なことをして，まったく。
アンナ：どうして？
メアリ：あなたと一緒だと，母に言ってあったのに。

Other Expressions

・Why did you do that?　どうしてそんなことしたの？
・What made you do that?　なぜそんなことをした？

87 悪い？
Do you have a problem with that?

Angry

使い方アドバイス

相手が納得のいかないような，不満そうな様子をしたときに「なにか，わたしの言ったことに問題でもある？　不満でもある？」と，反発をこめて言う表現です。

Anna : What are you going to do on the weekend?
Tom : I was thinking of visiting my mother in Boston.
Anna : Your mothers?
Tom : Do you have a problem with that?
Anna : No. It just seems that you're always going to see her.

アンナ：今度の週末はどうするつもり？
トム：　ボストンの母を訪ねようと思っているんだ。
アンナ：お母さん？
トム：　悪いかい？
アンナ：そんなことないけど，なんかいつも，お母さんに会いに行ってるみたいだから。

Other Expressions

・You got a problem with that?　文句，ある？
・Something wrong with that?　なんかまずいこと，ある？

なにが悪い？
(Yeah) what about it?

Angry
使い方アドバイス

「あたりまえのことなのに，どうしてそんなことを言うの？」と問い返すときの表現です。「なにがわるい？」と，すこし強く反発したいときに使います。

Mother : Mary, your jeans have holes in them.
Mary : Yeah, what about it?
Mother : Aren't you embarrassed?
Mary : No, everyone wears them like this.

母： メアリ，ジーパンに穴があいているわよ。
メアリ：知ってるわ。なにが悪いの？
母： はずかしくないの？
メアリ：ううん，みんなこういうのをはいているのよ。

Other Expressions

・Yeah, so what?　だから何さ？
・So?　それで？
・Your point being … ?　何が言いたいの？

89

私に分かるわけ，ないでしょ。
How should (would) I know?

Angry
使い方アドバイス

直訳すると「どうして私が知っていなければならないのでしょう？」となります。それを「私が知っているわけがないでしょう」と強く関与を否定する表現に使います。

Daughter : Where is my green dress? I need it today.
Mother : How should I know?
Daughter : Didn't you take it to the cleaners?
Mother : No. It's probably still in your closet.

娘：私の緑色の服，どこかしら。今日，着たいんだけど。
母：私にわかるわけ，ないでしょ。
娘：洗濯屋に持って行ってくれたってことはない？
母：持っていかないわ。たぶん，まだ，あなたのクローゼットの中よ。

Other Expressions

・Why are you asking me?　どうして私に聞くの？

90 だからなんなのよ。
What's it to you?

Angry
使い方アドバイス

直訳すると「あなたになんの関係があるの？」となります。無遠慮に個人的な領域に踏み込んでくる相手の態度に憤慨して「あなたに関係ないでしょ」「だからなんなの？」と言いたいときに使います。

Tom : Where were you last night?
Jack : I was at the library.
Tom : Can you prove that?
Jack : No. But what's it to you?

トム　　：君，きのうの夜，どこにいたんだい？
ジャック：図書館だよ。
トム　　：証明できるかい？
ジャック：いいや。だからなんなのさ？

Other Expressions

・What business is it of yours?
　　あなたに関係ないでしょう。
・Why should I?　どうしてそんなことしなきゃならないの？
・Do you have a problem with that?　なんか問題ある？

いつからそんなに偉くなったの？
Since when do you have the right to ... ?

使い方アドバイス (Angry)

直訳すれば「いつから私に…する権利を持っているのか」になります。これは疑問文でも答を求めてはいません。したがって Since last week. などと具体的な答えを返せば，相手はからかわれたと思って怒ります。

Mary： I don't want you to talk to Mike again.
Anna： Since when do you have the right to tell me what to do?
Mary： I'm your friend, and I know Mike is not your type. He's playing with you.

メアリ：もうこれ以上，マイクに話しかけちゃだめよ。
アンナ：あなた，いつから，そんなに偉くなったの？
メアリ：私はあなたの友だちよ。マイクはあなたのタイプじゃない。彼はあなたをからかってるのよ。

Other Expressions

・What gives (Who gave) you the right to tell me what to do?　あんたにそんなことを言う権利はないわよ。
・Who died and left you king?
　　ずいぶん偉そうに言うじゃないの？

92

そんなこと，誰が決めたの？
Tell me where it's written that …

Angry
使い方アドバイス

直訳すれば「そんな法律，どこにあるの？」となります。相手に強く反発したいときに使えば，「どうして私が，そんなことしなくちゃならないの？」というニュアンスが伝わります。

Anna: John said that he will call you at 7:00.
Mary: Well, I'm not going to be here then.
Anna: He's going to be angry.
Mary: Tell me where it's written that I have to wait around for him.

アンナ：ジョンが7時にあなたに電話するって言ってたわ。
メアリ：でも7時に私，ここにいないわ。
アンナ：彼，怒るわよ。
メアリ：私が彼を待ってなきゃならないなんて，誰が決めたのよ。

Other Expressions

・Who said that I have to … ?　それ，誰の命令？

私じゃない！
Don't look at me!

使い方アドバイス (Angry)

直訳すると、「私をみないで」となります。この場合は相手の疑惑をはらす気持ちが現れています。また、不愉快な相手の注意に対して言い訳や反発する気持ちを表現することもできます。

Jack :　　Where is my bicycle?
Anna :　　I don't know.
Jack :　　Well, someone borrowed my bicycle and didn't return it.
Anna :　　Well, don't look at me!

ジャック：ぼくの自転車，どこだろう？
アンナ：　知らないわ。
ジャック：誰かが借りてって，返してくれないんだよ。
アンナ：　私じゃない！

Other Expressions

・It's not my fault.　私のせいじゃない。
・I'm not your guy.　ぼくじゃない。
・You've got the wrong guy.　人違いだよ。
・Don't ask me.　私は知らない。

94 ぜったいにやめて。
Don't even think about it.

使い方アドバイス (Angry)

有無を言わせず，強く断るときの表現です。

Tom : I don't want to have anything to do with Linda anymore. She's always lying to me.
Mary : Well, I'm planning to invite her here for dinner tonight.
Tom : Don't even think about it.

トム： もうリンダとは絶対にかかわりたくない。うそばっかりつくんだもの。
メアリ：そう，今晩夕食に招待しようと思っているんだけど。
トム： ぜったいにやめて。

Other Expressions

・Don't even let it cross your mind.
　　そんなこと二度と考えないで。
・Wipe that thought from your mind.
　　そのことはすっかり忘れてね。

なに言ってるのよ。
Come off it.

使い方アドバイス (Angry)

信じられない話をする相手に，そんなバカげた話をするのはやめて，というときに使う表現です。

Anna : I just got a call from my rich uncle. He wants me to become the next president of his company.

Mary : Come off it, Anna. I know your uncle and he doesn't own a company.

Anna : I have more than one uncle.

アンナ：たったいま，私の金持ちのおじさんから電話があったの。私につぎの社長になってくれって。
メアリ：なに言ってるのよ。私，あなたのおじさん，知ってるわ。会社なんか持っていないじゃないの。
アンナ：おじさんは1人しかいないってわけじゃないのよ。

Other Expressions

・Cut it out.　やめてよ。

96 やめて。
Knock it off.

Angry

使い方アドバイス

いやなことをしたり，言ったりする相手に，それをやめて，と命じるときに使う表現です。

Jack：　If you ever touch my car again, I'm going to call the police!
Tom：　Just try. You're the one that will go to jail.
Mary：　Knock it off. Fighting is not going to solve this problem.

ジャック：こんどぼくの車にさわったら，警官を呼ぶからね。
トム：　　やってみろよ。刑務所に行くのは君だからな。
メアリ：　やめて，ふたりとも。喧嘩したってこの問題の解決にはならないんだから。

Other Expressions

・Chill out.　やめなさい。

97 そんなバカな。
Don't give me that.

Angry
使い方アドバイス

このときのthatは，くだらないこと，バカバカしいことを意味しています。そんなことを言わないで，そんなことがあるものか，と憤慨するときの表現です。

Anna: Do you have that report? I have to use it today.
Jack: Oh no. I forgot to bring it.
Anna: Don't give me that! I told you to bring it yesterday.

アンナ： あのリポート，持ってきてくれた？ きょう使いたいの。
ジャック：いけない。忘れてきちゃった。
アンナ： そんなバカな！ 持ってきてって，きのう，言ったのに。

Other Expressions

・Oh, come on.　おい，頼むよ。

よく笑えるね。
Is that your idea of a joke?

使い方アドバイス (Angry)
相手の言動や考えが正常とは思われないときに，非難の意をこめて使う表現です。

Jack: Look at this funny picture. This dog is trying to get out of the river.

Anna: Is that your idea of a joke? Think about that poor puppy.

Jack: Well …

ジャック：この写真，見てごらん，こっけいだよ。犬が夢中で，川からはいあがろうとしているよ。
アンナ：よく笑えるわね。かわいそうな仔犬のことも考えて。
ジャック：そうか…。

Other Expressions

- Is that what you call a joke?　そんなにおかしい？
- You have a warped sense of humor.
　　君って，ひねくれてるね。

99 冗談，分かんないの？
Can't you take a joke?

Angry
使い方アドバイス

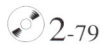

冗談が通じない相手に，困ったものだという意をこめて使う表現です。

Jack : Mary! Someone broke into your house and took everything.
Mary : Oh no. What am I going to do!?
Jack : Just joking.
Mary : I never want to talk to you again.
Jack : Can't you take a joke?

ジャック：メアリ！　君の家に泥棒がはいって，なにもかも持って行っちゃったよ。
メアリ：　まさか。どうしよう？
ジャック：冗談だよ。
メアリ：　あなたとなんか，二度と口ききたくない。
ジャック：君，冗談，分かんないの。

Other Expressions

・Don't you have a sense of humor?
　ユーモア，分からないの？
・What happened to your sense of humor?
　ユーモア，なくしちゃったの？

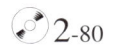

100 そんなの，理由にはならない。
That doesn't give you the right to …

Angry
使い方アドバイス

直訳すれば「あなたにはそのような権利がありません」となります。「そんなの，理由にはならない」と相手をつっぱねるときに使います。

Mary: Close the door! Now!
Jack: You can say "Please."
Mary: I have a headache.
Jack: That doesn't give you the right to be rude.

メアリ： いますぐ，ドアをしめて。
ジャック：「しめてください」って言えないのかい？
メアリ： 頭が痛いのよ。
ジャック：そんなの，理由にならないよ。

Other Expressions

・That doesn't mean you can…
　わがままがなんでも通るわけではないよ。
・Just because (you have a headache), doesn't mean you can…　…だからといって，…していいわけではない。

101 なんだよ。
What do you know?

Angry
使い方アドバイス

自分をけなした相手に「なに言ってるんだよ。君だってひどいものじゃないか」と切りかえすときの言い方です。

Jack : Did you pass your math test yesterday?
Tom : No. I didn't do very well at all. I'm in big trouble now.
Jack : Well, you just need to study harder. Math is really one of the easiest subjects there is.
Tom : What do you know? Your grades are worse than mine.

ジャック：昨日の数学の試験はパスした？
トム：　　しなかった。分からなかったんだ。困っちゃったよ。
ジャック：そうだな，もっと一生懸命勉強するしかないね。数学は一番やさしい学科なんだから。
トム：　　なんだよ。君の方がぼくより成績悪いくせに。

Other Expressions

・Look who's talking.　自分はなんだよ。
・You don't have room to talk.　言う資格はない。
・You can't talk.　君に言えるのかい。

102 好きにすれば。
More power to you.

使い方アドバイス (Angry)

もともとは「がんばれ！」という意味のこの表現を反語的に，「好きなように，おやりなさい」という表現に使います。相手の言うことにあきれて，止めようとする気もなくなったという気持ちを表します。

Jack : I'm going to go on a world tour next year.
Tom : Where are you going to get the money?
Jack : I'm going to sell my house and buy lottery tickets.
Tom : Well, more power to you.

ジャック：ぼく，来年，世界一周旅行するんだ。
トム：　　お金，どうするつもりだい？
ジャック：家を売って，宝くじでも買うさ。
トム：　　好きにすれば。

Other Expressions

・Have it your way.　したいようにしなさい。
・I'm not going to stop you.　やって見れば。
・Be my guest.　勝手にすれば。

103 なに言ってるの？
What are you talking about?

(Angry)
使い方アドバイス

相手の態度に腹をたてて「なに言ってるの」と切り返す場合に使う表現です。いらだっている様子がうかがえます。また，相手の話の内容が聞き取れず，確認したいときにも使います。

Anna : Wait for me here at 6:00 and then we'll go get something to eat.
Mary : What are you talking about? Don't you remember I have a meeting tonight?
Anna : Oh yeah. I forgot.

アンナ：6時にここで待ってて。それからどこかに食べに行きましょう。
メアリ：なに言ってるの？ 今日，わたしはミーティングがあるって言ったの，忘れちゃった？
アンナ：あ，そうだった。忘れてたわ。

Other Expressions

・What do you mean by that? それ，どういうこと？
・Just what are you saying? なに，それ？

104 自分が悪いのさ。
You asked for it.

使い方アドバイス (Angry) 困った状況にある相手をなじるときに使う表現です。

Tom : I don't have any money left. How am I going to get home?
Jack : You asked for it.
Tom : What do you mean?
Jack : You had lots of money, but you spent it all on junk.

トム　　：お金，全部使っちゃった。どうやってうちへ帰ろう？
ジャック：自分が悪いのさ。
トム　　：それ，どういう意味？
ジャック：たくさん持ってたのに，つまんないものばかり買うんだもの。

Other Expressions

・You had it coming.　当然の報いよ。
・It's your own fault.　自分のせいよ。
・It's what you deserve.　当り前だよ。
・You made your bed, you lie in it.　自業自得さ。

105 それがどうだって言うんだい？
What do you care?

使い方アドバイス (Angry)

care は「気にする」「心配する」「…に関心がある」「…したいと思う」などの意を伝える動詞です。このような気持ちは，良きにつけ悪しきにつけ，人間関係を左右しますから，care を含む表現は日常会話でたくさん使われます。この例文は相手が自分の行動を気にしすぎるのを不愉快に思うときに，効果のある一言です。

Tom : Did I see you with Jane last night?
Jack : Yeah. We went to a movie.
Tom : Just the two of you?
Jack : What do you care?

トム： ゆうべ，きみ，ジェーンといっしょだったね？
ジャック：ああ，映画に行ったんだ。
トム： ふたりっきりで？
ジャック：それがどうだって言うんだい？

Other Expressions

・Hey, butt out.　口を出さないで。
・What's it to you?　だからなんだって言うの？
・Mind your own business.　私のことはほっておいて。

106 よくも，まあ。
How dare you … ?

使い方アドバイス (Angry)

dare は「危険を承知で，大胆にも…する」という意味です。How dare you … ? は「…するなんて，ほんとうにずうずうしい」と相手を強く非難する表現です。このあとはだいたい喧嘩になります。

Jack : Why didn't you wash my shirt?
Mother : You have a closet full of shirts.
Jack : They're all ugly. It's your fault if everybody makes fun of me.
Mother : How dare you speak to me in that tone of voice?

ジャック：ぼくのシャツ，どうして洗ってくれなかったの？
母：　　　シャツなら，クローゼットの中にたくさんあるでしょ。
ジャック：どれもかっこ悪いんだもん。みんなにバカにされたらお母さんのせいだ。
母：　　　よくも，まあ，母親に向かって，そんな口がきけるわね。

Other Expressions

・Who do you think you are (talk)ing to?
　　なにさまだと思っているの？

107 いつでもかかってこいよ。
Any day of the week.

使い方アドバイス（Angry）

「何曜日でもいい」というこの表現を勝ち負けに関わる場合に使うと、「いつでもかかってこい」という挑戦的な表現になります。

Tom： I heard you're a good tennis player.
Jack： Yes, I am. I can beat just about anybody.
Tom： You can't beat me.
Jack： Oh yeah? Can you prove it?
Tom： Any day of the week.

トム： 　　きみ，テニスがうまいんだってね。
ジャック：ああ，そうだよ。誰にも負けないね。
トム： 　　ぼくには勝てないさ。
ジャック：そうかい？　証明できるかい？
トム： 　　いつでもかかってこいよ。

Other Expressions

・You name the time.　いつでもお相手しますよ。
・Anytime you want.　いつでもいいよ。
・You just say when and where.
　　　いつでもどこでも私はかまわない。

108 これ以上がまんできない。
It's enough to make me …

使い方アドバイス (Angry)

相手の態度にこれ以上がまんができなくなったときに使う言い方です。「どのくらい怒っているかというと，叫びたくなるほどだ」という具合に，怒りの大きさを強調する表現がつづくのが特徴です。

Anna: Where's Mike?
Mary: I don't know.
Anna: He was supposed to be here an hour ago.
Mary: He's always late. It's enough to make me want to scream.

アンナ：マイクはどこ？
メアリ：知らないわ。
アンナ：1時間前にはここに来ているはずなのに。
メアリ：彼，いつも遅れるのよ。わめきたくもなるわ。

Other Expressions

・I'm so (mad) I could (scream).　もう許さない。

109 あなたの…には，もううんざり。
I've had enough of your ...

使い方アドバイス (Angry)

enough of ... は「うんざりするほど十分な…」を意味します。相手がたびたびくりかえす失敗や失態にうんざりしたときに使う表現です。

Tom: Where are the papers I asked you for?
Mary: I put them on your desk.
Tom: I've had enough of your carelessness.
Mary: Well, I've had enough of your forgetfulness.

トム： 君に頼んでおいたあの書類，どこにある？
メアリ：あなたの机の上に置いたわ。
トム： 君のいいかげんさには，もううんざりだ。
メアリ：私こそ，あなたの忘れっぽさには，うんざりだわ。

Other Expressions

- I'm up to here with your ...　あなたの…は，もうたくさん。
- I can't take any more of ...　あなたの…は，もうがまんできない。
- It's enough to make me scream.　いいかげんにしてほしい。

まったく，もう！
That does it!

Angry

使い方アドバイス

相手に対してひどく腹が立つとき，「これ以上，がまんできない」という気持ちをこめて，吐きすてるように言う言葉です。

Anna : That does it!
Mary : What's the matter?
Anna : Bob said that he would pick me up at 5:00. He's already an hour late. I'm never going to talk to him again.

アンナ：まったく，もう！
メアリ：どうしたの？
アンナ：ボブったら，5時に迎えにくるって言ったのにもう1時間も遅れてるのよ。もうぜったいに口をきかないわ。

Other Expressions

・I've had it!　もういやだ。
・That's the last straw.　(That's the straw that broke the camel's back.)　これ以上，がまんできない。

111

それは困るよ。
I beg your pardon.

Angry
使い方アドバイス

これは小さな過ちをわびるときの「ごめんなさい」，未知の相手に話しかけるときの「失礼ですが」，聞きだすときの「すみませんが，もう一度おっしゃってください」にあたる表現です。この表現を冷ややかな口調で言うと，「同調しかねます」というニュアンスが伝わります。

Tom: Jack, do you remember that $50 I owe you?
Jack: Yes, I do. You said you would pay me back today.
Tom: I'm afraid I can't pay you back until next month.
Jack: I beg your pardon. I need the money today.

トム： ジャック，ぼく，君に50ドル借りているんだけど，おぼえてる？
ジャック：おぼえてる。今日返してくれるって言ったでしょう。
トム： それがね，来月まで返せないんだ。
ジャック：それは困るよ。そのお金，今日必要なんだから。

Other Expressions

・What did you say?　なんだって？
・What was that?　なんだと。

112 いいかげんにしなさい。
Enough is enough.

使い方アドバイス 相手の態度に，これ以上がまんができなくなったときに使う言い方です。

Mother : Tom! Look at this dirty room.
Tom : Oh Mom. I like it this way.
Mother : Enough is enough. You're not going to leave this house until you clean up your room.

母： トム！ この汚い部屋はなんなの？
トム：お母さん，ぼくは気にいっているんだけどな。
母： いいかげんにしなさい！ かたづけないうちは一歩も外に出しませんよ。

Other Expressions

・I've had it (up to here). 　もうたくさん。
・II've reached the end of my patience.
　　堪忍袋の緒が切れたよ。

113

お願いだから…
Please, I'm trying to …

Angry
使い方アドバイス

> 故意であろうとなかろうと相手の行動が迷惑なとき、それをやめさせたいときに使う表現です。かなりとげのある言い方なので、目上に対しては使いません。

Mary: Did I tell you about my cousin? She was planning to go to New York last weekend, but her dog got sick and ….

Anna: Please, I'm trying to talk on the phone.

Mary: Sorry.

メアリ：わたしのいとこの話をしたかしら？　彼女は先週の週末、ニューヨークへ行く予定だったんだけど、飼っている犬が病気になって…。
アンナ：お願いよ、いま、電話中なの。
メアリ：あ、ごめんなさい。

Other Expressions

・Would you mind (being quiet)?　静かにしろよ。

…ってことだよ，分かった？
… that's what.

Angry
使い方アドバイス

相手がしつこく聞いてくるので仕方なく答えて，その後につづけて言う文句です。相手の what …？という質問に対して，「これが君の知りたくてしかたがないことだよ」と少々嫌味をこめて使う表現です。

Tom : What are you going to do tomorrow?
Jack : I can't tell you.
Tom : Come on. Tell me, do you have a girlfriend?
Jack : No, I don't.
Tom : Tell me then.
Jack : I'm going to the hospital, that's what.

トム： あした，なにするんだい？
ジャック：言えないよ。
トム： なんだよ。言えよ。ガールフレンドがいるんじゃないのか？
ジャック：いないよ。
トム： そんなら言えよ。
ジャック：病院に行くのさ，分かった？

Other Expressions

・Is that all right with you?　これで気がすんだ？
・Are you satisfied now?　それで満足かい？

115 ずうずうしいったらありゃしない。
Of all the nerve.

使い方アドバイス（Angry）

nerve には度胸，勇気という意味があります。相手のあつかましさにはあきれる，というニュアンスを持つ表現です。

Anna : Have you seen my bicycle?
Tom : Yeah, Edward came and got it. He said he'd bring it back tomorrow.
Anna : Of all the nerve. He knows I need it to get to work.

アンナ：私の自転車，見なかった？
トム：　エドワードが来て，持ってったよ。あした返しにくるって言ってた。
アンナ：ずうずうしいったらありゃしない。私が仕事に行くのに使うのを知っているくせに。

Other Expressions

・Some nerve…　もう，いやだ。
・The nerve of that guy …　あいつ，まったく。
・Talk about nerve.　なんというずうずうしさだ。
・Well, I'll be.　うんざり。

どういうことだか言ってみなさい。
Do you have anything to say for yourself?

Angry

使い方アドバイス

「これから攻撃するけれど、そのまえに自分をまもるために言っておきたいことはないか」と、相手の行動や態度を責めるときに使う表現です。「どうしてそのような（悪い）ことをしたのか、その理由を言いなさい」と詰め寄る感じで言います。

Father: Look at these grades. Do you have anything to say for yourself?
Son: I guess not.
Father: Well, you better have an explanation. These are the worst grades you've ever received.

父　：この成績はなんだ。どういうことだか言ってみなさい。
息子：べつに言うことはないよ。
父　：説明しなさい。今までで一番悪い成績だよ。

Other Expressions

・What do you have to say for yourself?
　　どんな言い訳がある？

117 それは悪かったわね。
Excuse me for living.

使い方アドバイス (Angry)

あやまっているにもかかわらず、また文句を言われてムッとしたときに、言い返す言葉です。直訳すると「生きていてすみません」となります。たっぷり皮肉をこめた表現です。

Jack: Look. You stepped on my shoe!
Mary: I'm sorry.
Jack: There's a big scratch on it. I can't believe you did that.
Mary: I said I'm sorry.
Jack: Do you know how much these shoes cost?
Mary: Well, excuse me for living.

ジャック：おい，靴踏んづけたよ。
メアリ：　ごめんなさい。
ジャック：こんな傷になっちゃった。こんなことするなんて，信じられないよ。
メアリ：　ごめんなさいって言ったでしょう。
ジャック：この靴，高いの知らないんだろう？
メアリ：　そう，それは悪かったわね。

Other Expressions

・Well, forgive me.　ふん，悪かったな。

118 くたばっちまえ。
Drop dead.

Angry
使い方アドバイス

相手の要求を断るときの、強烈な一言です。この表現にはののしりの気持ちがこもります。

Jack: If you write my report for me, I'll give you $20.
Tom: No. You'll have to do it by yourself.
Jack: If you don't, I'm going to tell your girlfriend what you did.
Tom: Drop dead.

ジャック：ぼくのリポート，書いてくれたら，20ドル払うよ。
トム：　　ことわる。自分で書くべきだよ。
ジャック：書いてくれなきゃ，あのこと，彼女にばらすぜ。
トム：　　くたばっちまえ。

Other Expressions

・Go to hell.　うせろ！

索　引

【あ】
あたりまえじゃない。　　　　153
あっ，そう。　　　　　　　　161
あなたには無理かな？　　　　76
あなたの気持ち，よく分かります。
　　　　　　　　　　　　　　105
あなたの…には，もううんざり。
　　　　　　　　　　　　　　196
あなたは本当に…　　　　　　10
あの頃がなつかしい。　　　　20
あのね…　　　　　　　　　　45
あのひと，どうしちゃったの？　54

【い】
いいかげんにしなさい。　　　199
いいよ。　　　　　　　　　　90
言い訳はなしよ。　　　　　　137
言えばいいのに。　　　　　　157
いつからそんなに偉くなったの？
　　　　　　　　　　　　　　178
いったい，どういうつもり？　85
いったい，どうなってるの？　52
言ったでしょ。　　　　　　　150
言っておくけど…　　　　　　73
いつでもかかってこいよ。　　194
いつものことよ。　　　　　　114
いやね，まったく…　　　　　66

【う】
うるさいと思われたくはない
　　　けれど…38

【お】
おい，なにやってるんだ？　　84
おかげで，今日はいい日だ。　14
おことわりよ。　　　　　　　139
遅いじゃないか。　　　　　　171
落ち着いてくれよ。　　　　　56
お願いだから…　　　　　　　200
お願いよ。　　　　　　　　　67
おもしろいと思う？　　　　　34
恩にきるよ。　　　　　　　　89

【か】
勝手にすれば。　　　　　　　169
考えておくけど。　　　　　　110
関係ないでしょ，わたしには。　122
簡単に言うけどね。　　　　　123
かんべんしてよ。　　　　68,135

【き】
気がつかなくてごめんなさい。　26
聞かないほうがいいよ。　　　120
奇遇だね。　　　　　　　　　18
聞くんじゃなかった。　　　　100
聞こえたでしょ。　　　　　　140
気にしてないわ。　　　　　　91
気にしないで。　　　　　　　109
気にすることはないさ。　　　108
君が許してくれなくて当然だよ。
　　　　　　　　　　　　　　32
君にはもっといい…が
　　　いっぱいあるよ。　　　33

【く】
くたばっちまえ。 205

【け】
現実的になれよ。 151

【こ】
こういうこと，あんまり言いたくないんだけど… 37
ご遠慮なく。 39
ここだけの話だけど… 42
困ったな，どうしよう。 125
これ以上がまんできない。 195
これ，どうかな？ 49
これはお祝いしなきゃね。 17
これを機会に… 101
こんどはがんばってね。 104
こんなことになるなんて… 72

【さ】
さあねえ。 97
最後の手段として… 44
さっさとしなさい。 78

【し】
仕事は仕事だ。 58
しつこいわね！ 145
自分が悪いのさ。 191
自慢するわけじゃないけど… 21
正直言って… 46
冗談でしょ。 149
冗談，分かんないの？ 186
…しようとしただけなのに。 134
…しようなんて思わないことだね。 80
知らないわよ。 170
信じないかもしれないけど。 124

【す】
ずうずうしいったらありゃしない。 202
好きにすれば。 189
すごいな… 11
…すると言ったら，どう思う？ 35

【せ】
ぜったいに… 47
ぜったいに…だめよ。 165
ぜったいに，無理だよ。 119
ぜったいにやめて。 181
ぜったいよ。 112

【そ】
そううまくはいかないよ。 118
そう，そう。 94
そうなんだけどね。 98
育て方が悪かったんだろうか？ 63
その話は，もうおわり。
それがどうだって言うんだい？ 192
それくらいしたっていいでしょう。 69
それだけのことさ。 59
それは困るよ。 198
それはないんじゃない？ 138
それは悪かったわね。 204
そんなこと，あるわけないさ。 159
そんなこと，誰が決めたの？ 179
そんなつもりじゃなかった。 31
そんなに言ってもらってうれしいわ。 88
そんなに自分を責めるんじゃないよ。 102
そんなにせかさないで。 127
そんなの，理由にはならない。 187
そんなバカな。 184

【た】

たいしたことじゃないさ。	115
だから，言ったじゃないの	141
だから言ったでしょ。	168
だからなんなのよ。	177
だったらもう…	162
だって…	95
ためしに…させて。	111
だめだって言ったらだめ。	75
誰にも分からない。	96
誰も興味がないでしょうね。	121
誰よりも先に，おめでとうが言いたくて。	16

【ち】

ちやほやされてよろこぶと思っているのかい。	147
ちょっと聞いてみただけじゃない。	133
ちょっと，聞きたいんだけど。	61
ちょっと待って。	146

【つ】

ついてないね。	71
…って言ったはずだけど	77
…ってことだよ，分かった？	201

【て】

できるものならやってみれば。	166
では，こうしよう。	23
…でもいやだ。	48

【と】

どういうこと？	144
どういうことだか言ってみなさい。	203
どうしたの？	53
どうしてそう言いきれるの？	117
どうして，そんなに…なの？	83
どうしても言っておきたいんだけど。	13
どうしようもないバカだね，私は。	28
どうせ私は…されていないんだ。	128
どうぞよろしく。	19
とんでもないこと考えてないでしょうね。	164

【な】

泣き寝入りしちゃだめ。	57
なに言ってるの？	143
なに言ってるの？	190
なに言ってるのよ。	182
なにが悪い？	175
なにを考えてたんだ？	81
何回言わせるの？	79
なんだよ。	188
なんて言っていいかわからないほど…	12

【ね】

ねえ，聞いて。	22
ねえ，どうかしら。	25

【の】

…の様子は？	62

【は】

はっきり言っておくけれど…	60

【ひ】

ひとをバカにして。	154
ふざけないでよ。	148

【ほ】

ほら，ごらんなさい。	82

本当だってば。	107
本当に，たいへんね。	9
本当に，申し訳ない。	29

【ま】

まあいいでしょ。	116
まあ，そういうもんさ。	99
毎度のことじゃないか。	113
まかせてよ。	40
またはじまった。	172
まったく腹がたつよ。	65
まったく，もう！	197

【む】

無駄だね。	132

【め】

めちゃくちゃ…	106

【も】

もう，あきらめよう。	64
もう，いやになっちゃう。	27
…もうおしまいね。	130
もう，終わりだね。	55
もうたくさんだ。	136

【や】

やったね。	8
やっても意味ないわ。	70
やっぱりね。	129
やめて。	183
やめなさい。	86
やるだけやってみたら。	43
やるんじゃないかと思ってたんだ。	131

【よ】

よかった。	92
よくがんばったね！	15
よくも…してくれたわね。	156
よくも，まあ。	193
よく笑えるね。	185
余計なことをして，まったく。	173

【わ】

分かったでしょ	142
分かった，分かった，分かった。	163
分かるよ。	103
私めでございます。	93
私が生きているうちは，だめ。	167
私が思うには…	50
私，口がかたいのよ。	41
私じゃない！	180
私だったら…	51
私にできることがあれば，なんでもするから。	30
私に盗めとでも言うの？	158
私に分かるわけ，ないでしょ。	176
私のほうがつらいんだよ。	36
私はそんなバカじゃない。	155
私よりましよ。	126
笑わせるなよ。	152
悪い？	174
悪いけど…してくれないかしら。	24
悪いけど，私は…	160

INDEX

【A】
All I said (asked) was ...	133
All right, all right, all right.	163
And why not ?	144
... and that's that.	75
Any day of the week.	194
Are you getting anything out of this ?	34
Are you happy now ?	82
Are you trying to tell me that ... ?	157
As far as I'm concerned ...	162
As if anyone cares.	121

【B】
Be serious.	149
Beats me	97
Believe it or not ...	124
Better luck next time.	104
Big deal.	161
Business is business.	58

【C】
Can't you take a joke ?	186
Come off it.	182
Could I interest you in ... ?	49

【D】
Do me a favor.	67
Do you have a problem with that ?	174
Do you have anything to say for yourself ?	203
(Do) you know what gets me ?	65
Do you mind ?	86
Don't act so surprised.	153
Don't be so hard on yourself.	102
Don't even bother.	132

Don't even think about it.	181
Don't get carried away.	56
Don't give me that.	138, 184
Don't I know it.	98
Don't let it eat you up.	109
Don't look at me !	180
Don't make me laugh.	152
Don't ... me !	145
Don't patronize me.	147
Don't say I didn't tell you.	141
Don't you dare ...	165
Drop dead.	205

【E】
Enough is enough.	199
Excuse me for living.	204

【F】
For crying out loud.	135

【G】
Get a move on.	78
Get real.	151
Give me a break.	68
Give me a chance.	127
Good job.	8
Guess what.	22

【H】
Have it your own way.	169
He's lost it.	55
Hold on here.	146
Honest to God.	107
Honestly ...	66
How can you be so sure ?	117
How could I have been so stupid ?	28
How could you be so ... ?	83
How dare you ... ?	193
How do you do it ?	9
How is ... taking it ?	62
How many times ... ?	79

How should (would) I know?	176

【 I 】

I beg your pardon.	198
I can't believe myself sometimes.	27
I can't blame you.	116
I can't blame you if you never forgive me.	32
I can't tell you how ...	12
I don't know about you, but I ...	25
I don't mean to brag, but ...	21
I don't suppose you could ... ?	24
I don't want to seem nosy, but ...	38
I have to hand it to ...	11
I have to tell you ...	45
I hope you're not getting any big ideas.	164
I just have one small question for you.	61
I just want to say ...	13
I know the feeling.	103
I know what you're going through.	105
I mean it.	150
I never meant to (hurt you).	31
I owe you one.	89
I should have known ...	128
I thought I told you to ...	77
I was afraid this would happen.	131
I was only (just) trying to ...	134
I wasn't born yesterday.	155
I wish I didn't have to say this, but ...	37
I wouldn't be caught (seen) dead ..	.47
I wouldn't ... if you paid me.	48
If I were you, I would ...	51
If there's anything I could do, I would.	30
If you say so.	170
If you want my opinion ...	50
I'll tell you what. (I'll tell you what I'll do.)	23
I'm sure we'll be seeing a lot more of each other.	19
Is that asking too much? (Is that too much to ask?)	76
Is that your idea of a joke?	185
It just doesn't work that way.	118
It may interest you to know that ...	73
It never hurts to try.	43

It won't hurt you to ...	69
It wouldn't be the first time.	113
It's about time.	171
It's anyone's guess.	96
It's enough to make me ...	195
It's just that ...	95
It's not the end of the world.	115
It's one of those things.	108
I've had enough of your ...	196

【J】
Just between you and me ...	42
Just for the record ...	60
Just my luck.	71
Just try it.	166
Just what do you think you're doing ?	84

【K】
Knock it off.	183

【L】
Let me be the first to congratulate you.	16
Let's face it ...	64

【M】
More power to you.	189
My lips are sealed.	41

【N】
No buts about it.	137
No hard feelings.	91
Nothing doing.	139
Now you're talking	94

【O】
Of all the nerve.	202
Over my dead body.	167

【P】
Please, I'm trying to ...	200

【S】

See, I told you.	168
See what I mean ?	142
Since when do you have the right to ... ?	178
So much for ...	130
Sorry I asked.	100
Subject closed.	74

【T】

Talk about (busy).	106
Tell me where it's written that ...	179
Thank goodness (God).	92
That does it !	197
That doesn't give you the right to ...	187
That figures.	129
That will be the day !	119
That's about the nicest thing anyone's ever said to me.	88
That's all I need.	136
That's all there is to it.	59
That's easy for you to say.	123
That's just great.	125
That's the way it goes.	99
... that's what.	201
There you go again.	172
This calls for a celebration.	17
This is going to hurt me more than you.	36
This is not (exactly) my idea of ...	72
Those were the days.	20
To be perfectly honest with you ...	46
Try me.	111

【V】

Very funny.	148

【W】

Wanna bet ?	159
Way to go !	15
Well, we'll see.	110
What a pleasant surprise.	18
What are you talking about ?	190

What did you do that for ?	173
What do you care ?	192
What do you know ?	188
What do you mean you're not ... ?	143
What do you want me to do ... steal it ?	158
What gives ?	52
What were you thinking ?	81
What would you say (think) if I ... ?	35
What's eating you ?	53
What's it to you ?	177
What's the big idea ?	85
What's the use ?	70
What's with him ?	54
Where are my manners ?	26
Where did we go wrong ?	63
Why don't you look at this as an opportunity to ...	101
Why should I care ?	122
Will do.	90
With all due respect, I happen to...	160
Wouldn't you know it.	114

【Y】

(Yeah) what about it ?	175
You are a ...	10
You asked for it.	191
You can bet your life on it.	112
You can (could) always ...	44
You can count on me.	39
You can forget about ...	80
You can trust me.	40
You deserve better.	33
You don't want to know.	120
You heard me.	140
You must really hate me.	29
You must really think I'm ...	154
You really made my day.	14
You should't lie down and take it.	57
You sure know how to ...	156
You think you have problems.	126
Yours truly.	93

著者紹介

ディビッド・セイン

1959年米国ユタ州生まれ。インテリンゴ，バベルなどで翻訳・通訳教師。教材開発に携わる。

鈴木衣子

東京女子大学卒業。米国インディアナ大学大学院言語学科卒業。応用言語学専攻。元青山学院中等部教諭。

ネイティブはこんな時こう言う！
―表現のウラを読む　　CD付

2007年9月10日　1刷

著　者　　ディビッド・セイン
　　　　　鈴　木　衣　子
　　　　　© David Thayne
　　　　　　／Kinuko Suzuki, 2007
発行者　　南雲一範
発行所　　株式会社 **南雲堂**
　　　　　〒162 東京都新宿区山吹町361
　　　　　電　話（03）3268-2384（営業部）
　　　　　　　　（03）3268-2387（編集部）
　　　　　FAX　（03）3260-5425（営業部）
　　　　　振替口座　00160-0-46863
印刷所／日本ハイコム株式会社　　製本所／松村製本所

Printed in Japan　〈検印省略〉
乱丁、落丁本はご面倒ですが小社通販係宛ご送付下さい。
送料小社負担にてお取替えいたします。

ISBN978-4-523-26465-1　C0082〈1-465〉

『アメリカ人の心がわかる英会話』を改題しCD添付にしたものです。